# 우리는 지구마을에 삽니다

**우리는 지구마을에 삽니다(초등 기본편)**
세계시민 되기 교과융합수업 워크북

초판 1쇄 발행 2025년 1월 10일

지은이 **이예지·이유경·정현미·홍연진·강혜미·김민호·박민수·양철진·한진택**
그린이 **나수은** | 감수 **이성회** | 펴낸이 **임경훈** | 편집 **김수연**
펴낸곳 **롤러코스터** | 출판등록 제2019-000296호
주소 서울시 마포구 월드컵북로 400 서울경제진흥원 5층 17호
이메일 book@rcoaster.com | 전화 070-7768-6066 | 팩스 02-6499-6067

ISBN 979-11-91311-56-3 73300



어린이제품안전특별법에 의한 제품 표시
제조자명 **롤러코스터** ＼제조국 **대한민국**
▲주의 책의 모서리가 날카로우니 던지거나 떨어뜨려 다치지 않도록 주의하세요.
KC 마크는 이 제품이 공통안전기준에 적합하였음을 의미합니다.

**이예지 · 이유경 · 정현미 · 홍연진 · 강혜미 · 김민호 · 박민수 · 양철진 · 한진택** 지음
**나수은** 그림 | **이성회** 감수

# 들어가는 말

세계시민교육 연구개발 공동체 '느루'에서 새로운 책을 출판하게 되었습니다. 처음 '느루' 모임을 결성할 때는 '느루'가 이렇게 지속적으로 연구 성과를 일궈 내리라는 생각은 하지 못했습니다. 그저 관심 있는 분야에 대해 함께 모여 연구하고, 세계시민 교육의 중요한 의미와 가치에 대해 깨닫게 되는 일련의 과정을 거친 것들이 쌓여 끊이지 않고 무언가를 만들어 가는 것 같습니다.

《우리는 지구마을에 삽니다_초등 기본편》은 교과융합수업을 목적으로 만들어진 책입니다. 이 책의 콘텐츠는 오래전부터 구상하고 고민하던 내용이었습니다. 사실, 교과융합수업은 다양한 사례들이 있어서 어렵지 않게 만들 수 있으리라는 안일한 생각을 했다가, 예상하지 못한 난관에 부딪히기도 했습니다. 외국 자료부터 국내의 다양한 자료에 이르기까지 사전 준비 작업부터 적지 않은 노력이 필요했고, 무엇보다 다양한 교과를 다뤄야 하는 점에서 어려움을 느끼기도 했습니다. 그 외에도 일일이 열거하기 힘들지만, 책을 만드는 과정에서 크고 작은 고민 지점들이 숱하게 있었습니다. 이 책에는 그렇게 어려운 과정을 이겨낸 느루 소속 선생님들의 의지와 열정이 담겨 있습니다.

책을 만드는 과정에서 놓치지 않으려고 했던 점은 세계시민 교육의 가치와 철학을 담는 것이었습니다. 더불어 이러한 가치와 철학을 새로운 교육과정에서 충분히 활용할 수 있는 방안을 찾고자 했습니다. 최선을 다해 책을 집필했지만, 저희의 부족함으로 인해 미흡한 부분이 있을 수도 있습니다. 독자분들이 책에서 발견한 문제점이나 개선점을 전달해 주시면 향후 출판 과정이나 활동에 적극적으로 반영하고 세계시민 교육의 가치가 훼손되지 않도록 노력하겠습니다. 또한 이 책의 판매를 통해 발생하는 인세는 책의 의미를 실현할 수 있는 NGO 단체에 기부할 예정입니다. 세계시민의 가치를 나누는 데 작은 힘이나마 함께하겠습니다.

기존의 도서들과 여러 부분에서 차별성을 띤 이 책이 이렇게 출판되리라고는 솔직히 상상하지 못했습니다. 아이디어만 말씀드렸는데 선뜻 출판 결정을 내려주시고, 여러 힘든 과정에도 차분히 출판 과정을 진행해 주신 롤러코스터 임경훈 대표님과 김수연 편집자님께 감사를 드립니다.

책의 의미와 가치를 공감해 주시고 감수를 맡아 주신 이성회 교수님, 추천사를 써주신 이병준 교수님께도 감사의 마음을 전합니다. 끝으로 책을 만드는 데 동기를 불어넣어 주고 도움을 주셨던 모든 동료 교사와 세계시민 교육에 관심을 보여주신 모든 분들에게도 깊은 감사의 마음을 전합니다.

세계시민교육 연구개발 공동체 '느루' 대표 교사

양철진 드림

# 차례

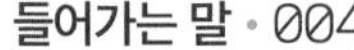

건강

인권

권리
어린이
기후
위기 극복

환경 오염

# 지구를 지키는 여행

메탄가스가 지구 온난화의 주요 원인 중 하나라는 사실을 알고 있나요?
밥을 먹을 때도, 자동차를 타고 다닐 때도, 심지어 소가 트림을 해도 메탄가스는 발생합니다.
이렇게 일상에서 우리도 모르게 발생하는 다양한 종류의 메탄가스를 만화를 통해 알아보며,
만화 속 메탄이들과 함께 여행을 떠나 메탄가스 발생 원인을 찾아봅니다. 그리고 우리가
지구를 살리기 위해 할 수 있는 일이 무엇인지 살펴보고 실천 다짐까지 해 봅니다.
자! 그럼, 여행을 떠나 볼까요?

# 이 챕터의 흐름

- **국어 수학** 안녕! 소탄아, 밥탄아!
- **국어 수학** 도시의 탄이들
- **과학 미술** 탄이들이 모이면, 지구에 무슨 일이?
- **국어 과학** 잡았다! 탄이!
- **과학 도덕** UN회의에 참석해 봐요
- **국어 도덕 과학** '지구 살리기' 실천 다짐하기
- **국어 도덕 과학** 탄소 중립 여행 가이드북 만들기

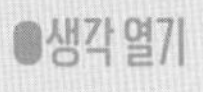

# 안녕! 소탄아, 밥탄아

## 그래프를 보고 글을 읽으며 중요한 내용을 정리해 봅시다

✦ **다음 만화를 읽어 봅시다.**

## 1. 다음 그림그래프를 살펴보고 문항에 답해 봅시다.

**온실가스 배출량**
(단위: $MtCO_2$-eq)

동물 속 숫자의 크기가 클수록 많은 양의 온실가스를 배출하는 것을 의미합니다.

※1$MtCO_2$-eq는 약 10억kg에 해당한다. 30년 된 소나무 한 그루가 1년 동안 흡수하는 온실가스 양은 약 6.6kg이다.
출처: 기후변화행동연구소·Energy Procedia

374-1,016 닭
381-874 돼지
3,090-3,406 소

**① 앞에서 읽은 4컷 만화를 생각해 보며, 위의 그래프를 만들 때 왜 다양한 동물 중 소와 돼지 그리고 닭을 선택하여 온실가스 배출량을 측정하였을지 이유를 적어 봅시다.**

**② 그래프가 전하고자 하는 내용은 무엇일지 생각해 봅시다.**

**③ 한 가지의 동물을 더 선택하여 온실가스 배출량을 조사한다면, 선택하고 싶은 동물과 이유를 적어 봅시다.**

| 동물 | 이유 |
|---|---|
| | |

## 2. 다음 글을 읽고 물음에 답해 봅시다.

### 소가 먹기만 해도 메탄가스를 줄이는 캡슐이 있다!

가축의 메탄가스를 연구하는 회사에서 메탄 캡슐을 개발하였습니다. 이 메탄 캡슐을 소에게 먹이면 소의 위 내부에서 발생하는 메탄가스·이산화탄소를 측정할 수 있고, 배출되는 메탄가스의 배출량을 60% 이상 줄여 줍니다.

브라질 정부에서는 이 회사에서 만든 메탄 캡슐의 상당량을 구매하겠다고 계약을 체결하였습니다. 브라질 정부는 브라질산 소고기가 세계에서 저탄소 소고기로 제일 유명해지게 하려고 많은 노력을 하고 있습니다. 2017년부터 탄소 중립 브라질산 소고기 인증제를 시행하고 있으며, 2030년까지 수출되는 모든 소고기에 적용되는 것을 목표로 하고 있습니다. 브라질에서 이런 노력을 하는 이유는 소가 온실가스의 주범인 메탄가스를 대량 발생시키는 문제에 심각성을 느끼기 때문입니다. 유엔 보고서에 따르면 가축이 배출하는 메탄가스는 온실가스의 25%를 차지합니다. 자동차 등 모든 교통수단이 배출하는 가스의 비율인 13.5%보다 훨씬 높은 수치입니다. 메탄은 이산화탄소보다 20배 이상 강력한 온실가스로, 지구에 열기를 가두는 데 치명적인 역할을 하는 것으로 알려져 있습니다.

**① 위의 글에서 핵심 내용은 무엇인지 적어 봅시다.**

② 다음 그래프를 보고, 소를 키우면서 발생하는 메탄가스를 줄이는 방법은 무엇이 있을지 적어 봅시다.

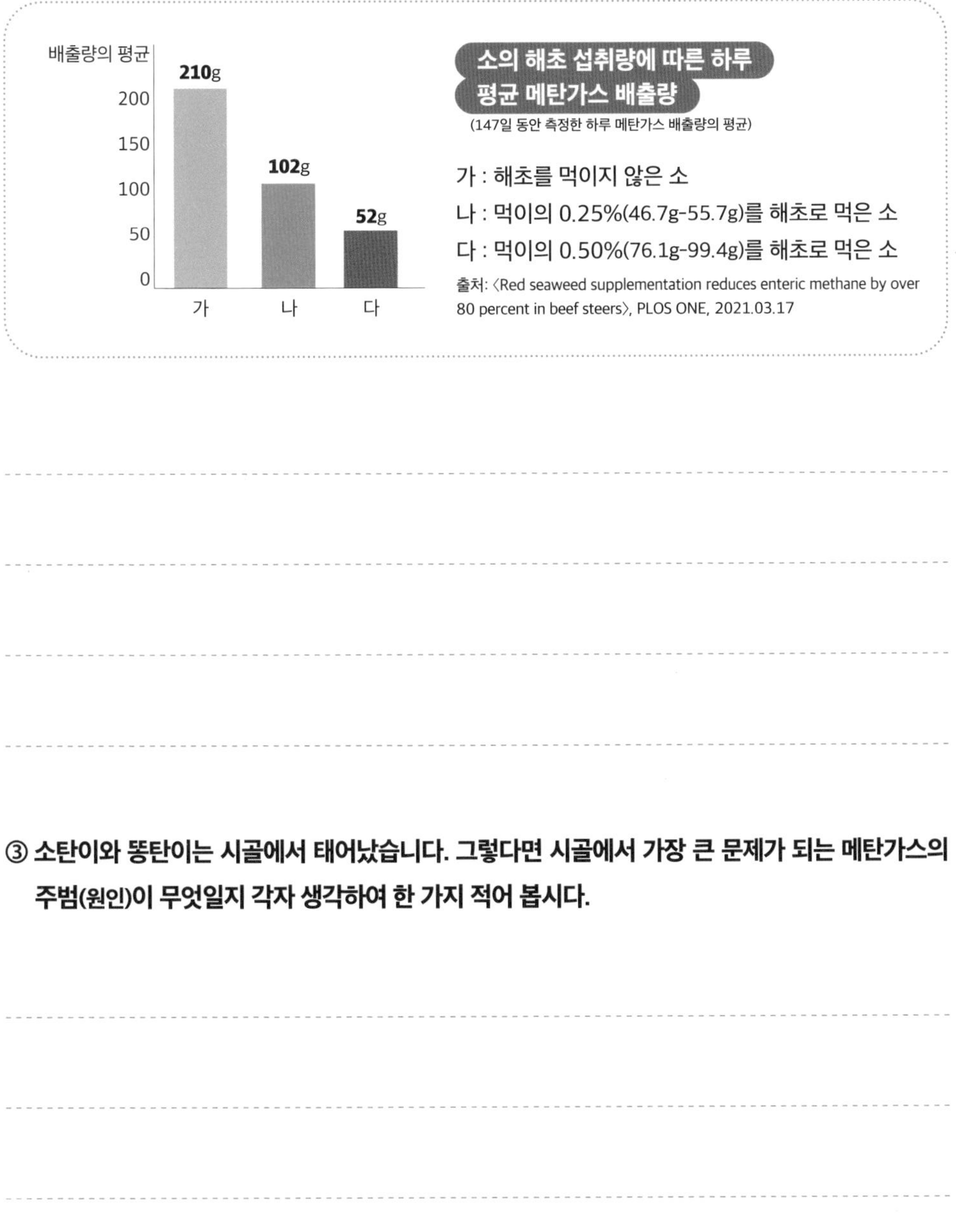


③ 소탄이와 똥탄이는 시골에서 태어났습니다. 그렇다면 시골에서 가장 큰 문제가 되는 메탄가스의 주범(원인)이 무엇일지 각자 생각하여 한 가지 적어 봅시다.

④ 우리 반 친구들이 생각하는 메탄가스 발생의 가장 큰 주범을 표로 정리해 봅시다.

⑤ ④에서 정리된 표를 바탕으로 그래프를 한 가지 그려 봅시다.

(그림그래프, 꺾은선 그래프 모두 좋아요.)

# 도시의 탄이들

## 그래프를 보고 글을 읽으며 중요한 내용을 정리해 봅시다

✦ **다음 만화를 읽어 봅시다.**

## 1. 그림그래프를 보고 물음에 답해 봅시다.

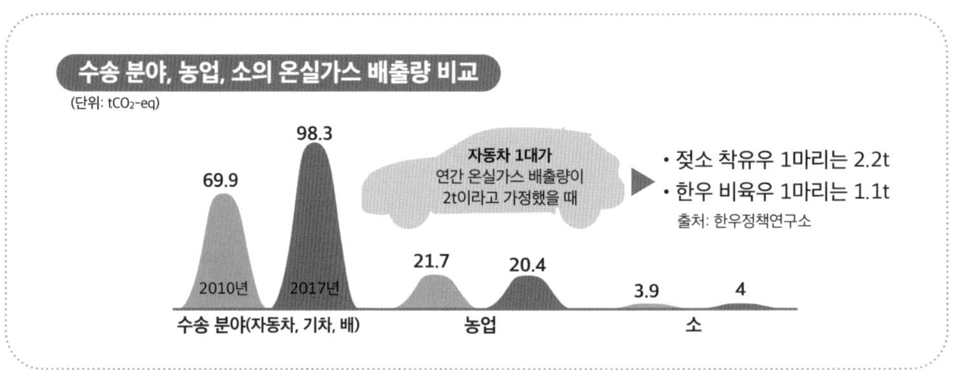


**① 수송 분야, 농업, 소 세 가지 중 배출량이 가장 많이 늘어난 분야는 무엇인지 적어 봅시다.**

**② 수송 분야에서 발생하는 온실가스 배출량을 줄이기 위해서 우리가 할 수 있는 일은 무엇이 있는지 적어 봅시다.**

**③ 앞에서 봤던 4컷 만화를 바탕으로, 그림그래프에 조사된 수송 분야, 농업, 소를 제외한 다른 어떤 분야를 조사하여 그래프를 완성하면 좋을지 적어 봅시다.**

**2. 다음 신문 기사를 읽고 기자가 말하고자 하는 내용이 무엇인지 생각하여 제목을 지어 봅시다.**

환경부 국가온실가스통계에 따르면, 2019년 기준 세계 온실가스 발생량은 약 510억 t(온실가스 발생량을 이산화탄소 발생량으로 환산한 양)이에요. 이 중 농·축산업으로 인한 온실가스 배출 비율이 약 19%로, 제조업(31%)과 전기 생산(27%)에 따른 온실가스 발생에 이어 셋째로 높아요. 나머지는 교통·운송(16%), 냉난방(7%) 등 순이고요.

농업이 가장 많이 배출하는 온실가스는 메탄과 아산화질소예요. 메탄과 아산화질소 분자는 이산화탄소 분자보다 열을 더 효과적으로 가둬요. 이산화탄소 분자 1개와 비교했을 때 메탄 분자 1개는 약 28배의 열을, 아산화질소는 약 265배의 열을 가둘 수 있죠.

벼 같은 농작물이 잘 자라려면 질소가 필요해요. 질소는 식물의 엽록소나 단백질 등의 구성 성분인데요. 질소가 없으면 식물이 생육할 수 없어요. 그래서 농업을 할 때는 화학적으로 합성한 질소 비료를 사용해요. 문제는 농경지에 뿌리는 질소 비료 중 절반 이하만 식물에 흡수되고, 나머지는 토양에 스며들거나 지하수로 흘러든다는 거예요. 그리고 질소의 산화물인 아산화질소 형태로 대기 중에 방출됩니다.

또 벼농사 과정에서 생기는 메탄 생산균과 같은 미생물이 메탄을 발생시키기도 해요. 메탄 생산균은 이산화탄소가 많고 산소가 적은 환경에서 주로 생장하는데요. 모내기를 마친 어린 벼가 호흡을 통해 산소를 흡수하기 시작하면 논의 물속에 녹아 있는 산소와 토양의 산소가 소모돼요. 그러면 메탄 생산균이 활발하게 메탄을 배출하기 시작한답니다. 출처: 온실가스 배출 줄이는 벼 개발했어요. 김형자, 〈조선일보〉, 2022. 09. 20.

**3. 다음 그래프를 보고 '쌍둥탄(소탄·똥탄)', '운탄이', '공탄이' 세 그룹의 탄이들 중 온실가스의 주요 배출 원인 정도가 작은 순서대로 이름을 적어 봅시다.**

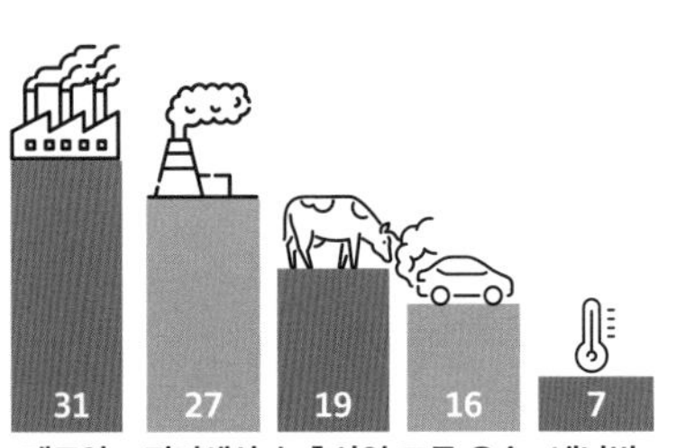


**온실가스 주요 배출원(단위: %)**

※ 농업은 메탄과 아산화질소를 배출해요. 두 온실가스 분자는 이산화탄소 분자보다 열을 더 효과적으로 가둡니다.

출처: 국가온실가스통계(2019년 기준)

**4. QR코드를 찍어 영상을 시청하고, 지금까지 본 두 편의 만화에 이어질 뒷 이야기를 상상해 자유롭게 글을 적어 봅시다.**

❶

누가 지구를
뜨겁게 만들었나?

❷

소·양 트림서 발생
메탄가스 비용 부과

❸

우리가 지구 온난화의
주범이라고?

# 탄이들이 모이면, 지구에 무슨 일이?

지구 온난화의 과정을 조사하고 스톱모션으로 나타내 봅시다

✦ **다음 만화를 읽어 봅시다.**

## 1. 만화를 읽고, 아이들이 마지막에 떠올릴 알맞은 말은 무엇인지 써 봅시다.

주로 인간 활동에 의해 발생하는 온실가스 배출 증가로 인해 지구의 기온이 올라가는 현상이다.

## 2. 지구 온난화를 설명하는 스톱모션을 만들어 봅시다.

**스톱모션이란?**

정지하고 있는 물체를 조금씩 이동시킨 후 촬영하여 마치 계속해서 움직이고 있는 것처럼 보여주는 촬영 기술입니다.

**스톱모션을 어떻게 제작할까요?**

준비물 촬영 장비(카메라, 태블릿, 휴대폰 등), 종이, 소품, 꾸미기 재료 등

❶ 주제에 맞는 스토리 만들기
❷ 스토리보드 만들기
❸ 소품 준비하기 장면을 그림으로 표현하기
❹ 장면을 그림으로 표현하기
❺ 사진 찍기
❻ 사진을 연결하여 하나의 영상으로 만들기

스톱모션으로
알아보는 에너지 절약

### ① 스토리 만들기

**② 스토리보드 만들기**

# 잡았다! 탄이!

## 메탄가스가 지구에 미치는 영향을 생각하며 '탄이 카드'를 만들어 봅시다

가축의 트림에서 발생하는
메탄가스 **'소탄'**

폐기물 처리장에서 발생하는
메탄가스 **'쓰탄'**

가축의 방귀나 분뇨에서 발생하는
메탄가스 **'똥탄'**

음식물(밥상)에서 발생하는
메탄가스 **'밥탄'**

운송수단(자동차 등)에서 발생하는
메탄가스 **'운탄'**

공단에서 발생하는
메탄가스 **'공탄'**

**1. 메탄가스가 지구에 미치는 다양한 피해 상황을 찾아보고, 그중에서 더 자세히 알아보고 싶은 상황 한 가지에 ○ 표시를 해 봅시다.**

**① 내가 선택한 메탄가스는 어떤 상황에서 발생하는지 써 봅시다.**

**② 내가 선택한 메탄가스가 지구에 미치는 피해 상황(사례)을 찾아 써 봅시다.**

2. 환경 오염의 주원인인 메탄가스를 생각하며 '나만의 탄이 카드'를 만들어 봅시다.(부록 활동지를 활용해 탄이 카드를 완성해 봅시다.)

메탄가스가 발생하게 된 상황 참고 사진

나는 가축의 트림에서 나오지~

**소탄**

나는 여기서 나왔어

내가 힘이 세지면 지구에는 무슨 일이?

소 한 마리가 트림이나 방귀 등으로 1년 동안 배출하는 메탄가스의 양은 약 85kg으로 이는 지구 온난화에 치명적이지.

우리 생활에 미치는 심각성

☆☆☆☆☆☆☆☆☆☆

지구 환경 오염 정도

☆☆☆☆☆☆☆☆☆☆

나는 여기서 나왔어

내가 힘이 세지면 지구에는 무슨 일이?

우리 생활에 미치는 심각성

☆☆☆☆☆☆☆☆☆☆

지구 환경 오염 정도

☆☆☆☆☆☆☆☆☆☆

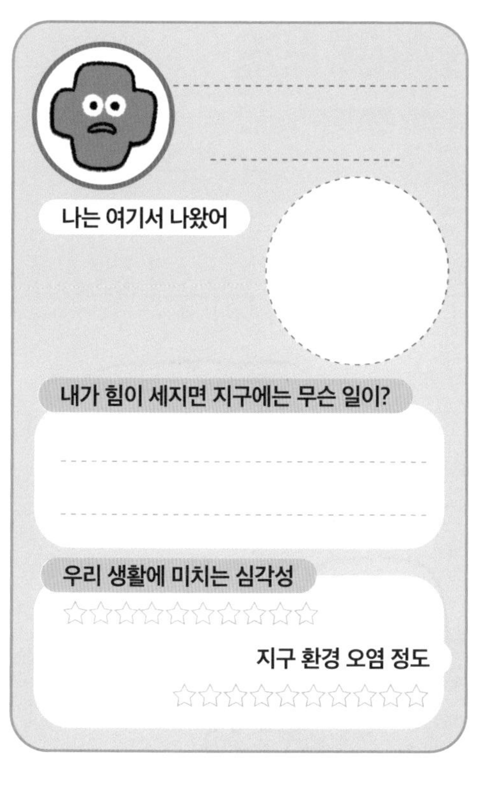


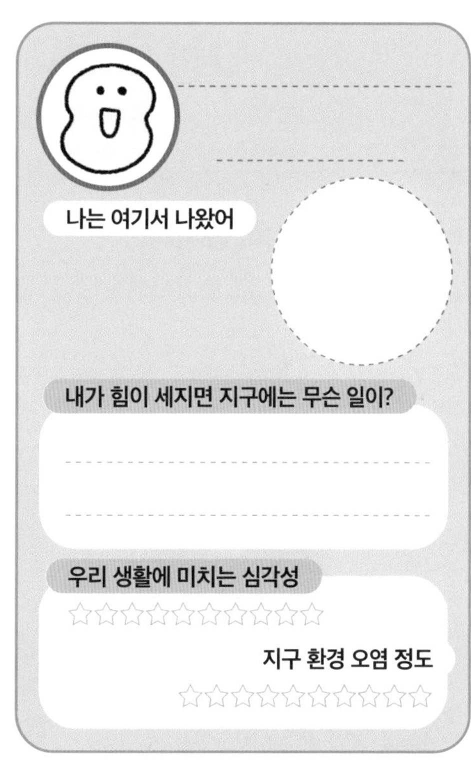


**① 우리 모둠 최고의 탄이 카드를 선정하고 그렇게 생각한 이유를 적어 봅시다.**

**② 우리 반 최고의 탄이 카드를 선정하고 그렇게 생각한 이유를 적어 봅시다.**

# UN 회의에 참석해 봐요

## 가상 UN 회의를 해 봅시다

✦ **다음 만화를 읽어 봅시다.**

기후 변화로 여러 나라들이 어려움을 겪고 있어요.
어떤 어려움을 겪고 있을까요?

**투발루**

기후 변화로 인해 해수면의 높이가 높아져 투발루의 땅이 물에 잠기고 있어요.
땅이 조금씩 좁아지면서 농사지을 땅이 없어요.

**파키스탄**

기후 변화로 인해 기록적인 홍수가 발생하였고, 매우 큰 인명 피해를 입었어요. 이뿐만 아니라 낮 최고 기온이 49도로 치솟아 폭염으로 수백 명의 열사병 환자가 발생했어요.

기후 위기의 심각성을 알고, 메탄 및 탄소 가스 배출을 줄이기 위해
각 나라에서는 어떤 노력을 할까요?

**독일**

2023년, 전체 전력 사용량의 52%를 재생 에너지로 사용해, 탄소 배출을 줄이고 있어요. 2045년까지 탄소 배출을 '0'으로 만드는 것을 목표로 하고 있어요.

## 1. UN기후변화협약에 대해 쓴 글을 읽고 제시된 활동을 해 봅시다.

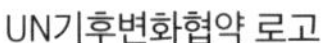
UN기후변화협약 로고

UN기후변화협약
당사국 총회 개막(2023)

온실 기체로 인한 기후 변화에 대응하기 위해, UN에서는 각 나라의 대표들이 모여 'UN기후변화협약'을 설립하였습니다. 이 기구는 온실 기체에 의해 많은 문제를 불러오는 지구 온난화를 줄이기 위해 노력하고 있습니다. UN기후변화협약에서 각 나라는 어떤 내용을 이야기하고 약속할까요? 각 나라의 대표가 되어 UN기후변화협약 회의에 참석해 봅시다.

**① 각 나라의 대표가 되어 역할 놀이를 해 봅시다.**

**UN기후변화협약 의장** ________ **투발루 대표** ________

**독일 대표** ________ **파키스탄 대표** ________

**의장** : 전 세계가 함께 온실 기체로 인한 기후 변화에 대응하기 위해 UN기후변화협약 당사국 총회를 개최하겠습니다. 각 나라의 기후 변화로 인한 상황을 이야기해 주십시오.

**투발루 대표** : 현재 투발루는 기후 변화로 인해 나라가 사라질 위기에 있습니다. 지구 온난화로 빙하가 녹으면서 해수면의 높이가 상승하였

습니다. 사람들이 집을 짓고 잘 살고 있던 땅들이 해수면의 높이가 조금씩 높아지면서 물에 잠기고 있습니다. 현재는 땅이 너무 좁아져 농사조차 지을 수 없습니다. 저희에게 기후 변화를 막는 것은 나라를 지키는 일입니다.

**파키스탄 대표** : 기후 변화로 인해 2023년, 파키스탄에 대홍수가 발생해 1,000명이 넘는 사람들이 사망했습니다. 이뿐만 아니라 최근에는 낮 최고 기온이 49도까지 오르며 심각한 폭염으로 수백 명의 열사병 환자가 발생했습니다. 파키스탄은 탄소 배출량이 세계에서 158번째로 매우 적습니다. 하지만 기후 변화 피해를 가장 크게 보고 있습니다. 모든 나라가 지구 온난화에 대해 책임감을 갖고 행동해야 합니다.

**의장** : 기후 변화를 막지 않는다면 앞으로는 더 많은 나라들이 피해를 보게 될 것입니다. 탄소 배출을 줄이기 위해 노력하고 있는 나라들이 있습니다. 어떤 노력을 하고 있는지 이야기해 주십시오.

**독일 대표** : 과거 독일·영국·프랑스 등 여러 유럽 나라들은 석탄과 석유를 태우면서 온실가스 배출을 매우 많이 하였습니다. 지구 온난화 상황에 대한 책임이 있음을 인정하고 현재 탄소 배출을 줄이기 위해 많은 노력을 하고 있습니다. 화석 연료를 통해 전기를 만드는 대신 태양광·풍력 발전기를 이용해 전기를 만들고 있습니다. 덕분에 2023년 전체 전기 사용량 중 절반 이상을 재생 에너지로 사용했습니다. 저희는 2045년까지 탄소 배출을 '0'으로 만드는 것을 목표로 하고 있습니다.

**의장** : 적극적인 노력을 하는 여러 나라에 감사의 마음을 전합니다. 지구 기온 상승을 막기 위해서는 전 세계가 탄소 배출을 줄이기 위한 노력을 지금 당장 해야 합니다. 모든 나라가 지킬 수 있는 약속을 만들고 실천합시다.

4. 기후 변화를 막기 위해 전 세계는 어떤 노력을 해야 할까요? 마인드 맵으로 정리해 봅시다.

# '지구 살리기' 실천 다짐하기

## 온실가스를 줄이기 위한 실천 방안을 찾아 봅시다

**1. 다음 이야기를 읽고 모둠 친구들과 의견을 나눠 봅시다.**

### 에코백·텀블러·종이 빨대에 숨겨진 이야기, '친(親)환경? 반(反)환경?

여러분은 에코백을 자주 메고 텀블러나 종이 빨대를 자주 사용하나요?

에코백은 일회용 비닐봉지를 대체하기 위해 만들어진 친환경 제품입니다. 그러나 2018년 덴마크 환경식품부에 따르면 7,100번 이상 에코백을 재사용해야 환경을 보호할 수 있다고 합니다. 에코백을 생산하는 과정에서 많은 양의 이산화탄소가 발생하기 때문입니다. 이뿐만이 아닙니다. 미국 환경보호국에 따르면 종이 빨대를 만들 때 배출되는 온실가스가 플라스틱 빨대보다 5.5배나 더 많고, 텀블러는 일회용 컵보다 생산 과정에서 약 27배 많은 온실가스를 배출한다고 합니다. 또한 완성된 제품이 우리 손에 오려면 비행기나 배, 트럭 등으로 이동되는데 이때에도 환경오염 물질이 배출됩니다.

따라서 우리는 에코백이나 텀블러, 종이 빨대를 구입하고 사용할 때 신중하고 조심해야 합니다.

**① 여러분이 새롭게 알게 된 사실을 써 봅시다.**

② 환경 오염을 줄이기 위해 만들어진 친환경 제품에 숨겨진 이야기가 우리에게 전하고자 하는 메시지는 무엇인지 써 봅시다.

2. '타일러의 지구를 지키는 20가지 제안' 동영상을 시청한 후 온실가스를 줄이기 위해 우리가 실천할 수 있는 방안을 찾아 적어 봅시다.

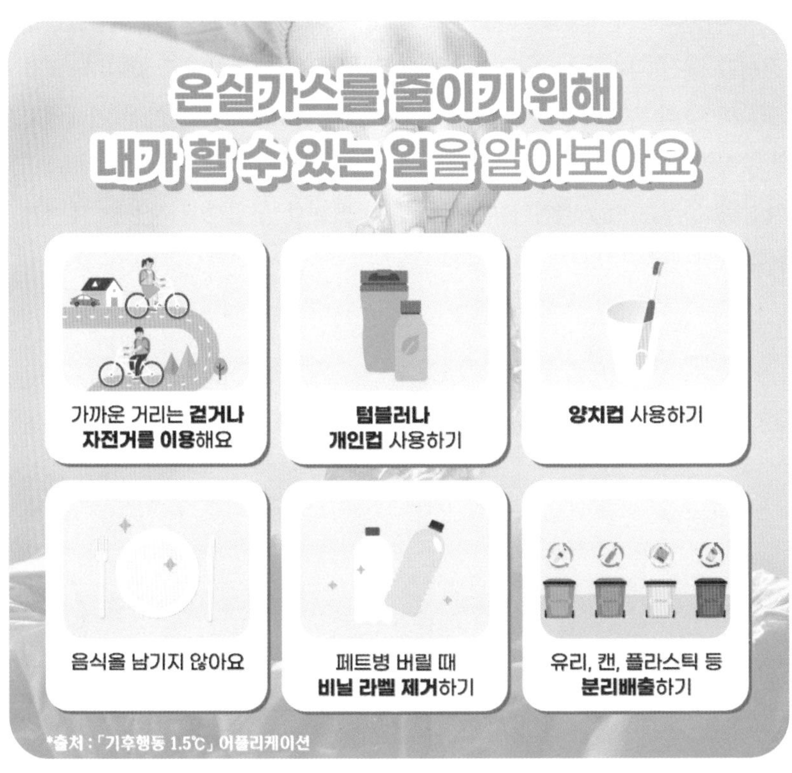

타일러의
지구를 지키는
20가지 제안

3. 지구를 살리기 위한 실천 다짐서를 작성해 봅시다.

지구 살리기
실천 다짐서

# 탄소 중립 여행 가이드북 만들기

## 공정 여행의 의미를 알고 지구를 지키는 공정 여행 계획을 세워 봅시다

### 1. 다음 글을 읽고 공정 여행의 의미가 무엇인지 알아봅시다.

**공정 여행 개발 원칙**

❶ 탄소 배출을 최소화한다. 불가피하게 탄소 배출이 발생한 경우 이를 상쇄할 수 있는 프로그램을 제시한다.
❷ 환경 영향과 자원 사용 최소화를 위한 정책을 가진 숙소, 음식점을 우선적으로 이용한다.
❸ 여행자의 활동이 환경에 미치는 영향에 대하여 구체적으로 설명하고 이를 최소화하기 위한 지침을 제시한다.
❹ 여행 중 일회용품 사용을 최소화한다.
❺ 환경단체 방문을 여행 일정에 포함하고 여행자의 기부를 권유한다.
❻ 야생 동식물을 보호하기 위한 지역의 원칙을 준수한다.
❼ 함께하는 여행자의 규모를 최대 15-20인 이내로 제한한다.

출처: 〈탄소 배출을 최소화하는 공정 여행 개발 원칙〉, 트래블러스맵

**① 공정 여행이란?**

## 2. 공정 여행의 사례를 찾아봅시다.

예 **공정 여행 엿보기**
**'푸푸페이퍼 파크'를 가다!**

코끼리 똥이 종이로 만들어지는 과정을 직접 보고 체험할 수 있는 친환경 테마파크입니다. 코끼리 똥으로 만든 천연종이를 이용해 다양한 제품을 만들어 볼 수 있어요.

## 3. 나의 마음을 가장 설레게 하는 나라는 어디일까요? 하나의 나라를 골라 공정 여행을 계획해 봅시다.

❶ 내가 선택한 나라는?

❷ 어떻게 이동할까요?

❸ 이 나라에서 꼭 먹어 봐야 하는 음식은?

❹ 꼭 구경해야 하는 곳은?

❺ 체험할 수 있는 프로그램은?

❻ 현지의 환경을 생각하는 여행 프로그램은?

4. 공정 여행의 개발 원칙을 살펴보고 여행 계획을 세워 봅시다.

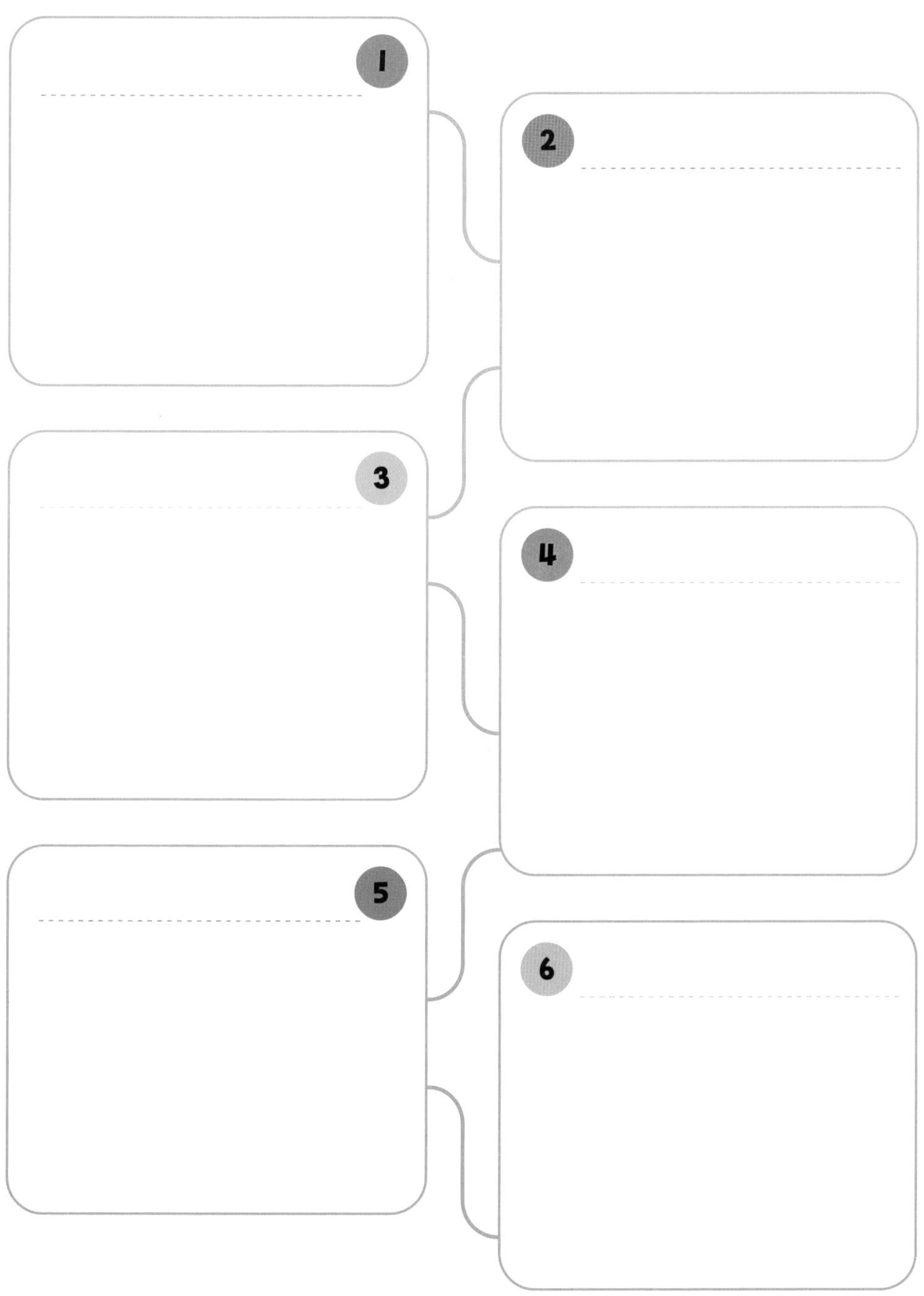

생태

# 우리를 지켜 주세요

다양한 원인으로 멸종 위기에 처한 동·식물을 구하기 위해 우리 탐험대가 출동합니다! 한동안 굉장한 신드롬을 일으켰던 판다부터 생각지도 못했던 우리 주변의 벌까지. 멸종 위기에 처하게 된 이유를 살펴보고 이들을 지키기 위해 우리가 무엇을 할 수 있을지 알아봅니다.

## 이 챕터의 흐름

미술 내가 생각하는 아름다운 생태계

과학 산호초 이야기

국어 미술 벌 이야기

국어 과학 판다 이야기

국어 미술 평화로운 생태 환경 만들기

준비물: 기름종이

- 생각 열기
- 탐구하기
- 함께하기

# 내가 생각하는 아름다운 생태계

## 우리가 생각하는 모습을 그려 봅시다

✦ 준비물: 기름종이

1. 다음 사진을 보고 느껴지는 감정에 ○ 표시를 하고 자신의 감정을 적어 봅시다.

아름다움　　평화로움　　슬픔　　따뜻함　　화남　　분노

행복함　　안정감　　공포　　______________

2. 내가 선택한 감정이 들어가도록 한 줄 글짓기를 해 봅시다.

| 선택한 감정 | 한 줄 글짓기 |
| --- | --- |
| 예 생생함 | 방학 때 가족들과 함께 여행한 기억이 아주 생생하다. |
| | |

## 3. 1번 문제에서 선택한 감정(예: 안정감)을 타이포그래피로 표현해 봅시다.

**타이포그래피란?**

글자가 의미하는 내용과 분위기에 어울리는 모양을 가지고 표현한 글자입니다. 해당 언어를 모르더라도 느낌과 풍기는 분위기를 통해 어떤 의미를 담고 있는지 짐작할 수 있게 만듭니다.

## 4. 아래의 활동 방법을 읽고 도전해 봅시다.

도전 ❶ 42-43쪽 그림을 색칠해 봅시다.

도전 ❷ 기름종이를 색칠한 그림에 가져다 댑니다. 그려진 동물들을 따라 그려 봅시다.

도전 ❸ 내가 좋아하는 동물이 그려져 있지 않다면, 그 동물이 살아가기 적합한 환경에 그려 넣어 봅시다. (기름종이 위에 그립니다.)

※기름종이는 9차시에 다시 활용합니다. 잃어버리지 않도록 잘 보관하세요.

# 산호초 이야기

## 산호초가 하얘지고 있어요!

**1. 42-43쪽을 펼쳐 아래 그림을 찾아 ○ 표시를 해 봅시다.**

**2. QR코드를 찍어 영상을 살펴보고 세 문장으로 요약해 봅시다.**
**(부록 활동지 참고)**

산호초 이야기

❶

❷

❸

✦ **산호초에 대해 얼마나 알고 있나요? QR코드를 찍어 영상을 보며, 산호초에 대해 알아봅시다.**

바다의 숲, 산호초

## 1. 산호초에 대한 O, X 퀴즈를 풀어 봅시다.

❶ 산호초는 식물이다. ---------- O X

❷ 산호초는 같은 종이여도 색과 모양이 다르다. ---------- O X

❸ 산호초는 자포로 먹이를 사냥한다. ---------- O X

❹ 산호초에는 '갈충조류'라는 식물 플랑크톤이 산다. ---------- O X

❺ 산호초는 '갈충조류' 덕분에 다양한 색을 띤다. ---------- O X

## 2. 산호초는 풍요로운 지구를 만듭니다. 산호초가 해양 생물에게, 인간에게 어떤 도움을 주는지 조사해 보고, 빈칸에 들어갈 말을 단어 퍼즐에서 찾아봅시다.

❶ 산호초는 바다 생물들에게 　　　　　　　　　　 와 　　　　　　　　 를 제공합니다.

❷ 물을 　　　　　　　　 시킵니다.

❸ 산호초 속에 살고 있는 갈충조가 광합성을 하여 　　　　　　　　　　　　　 를 흡수하고 　　　　　　　　 를 만듭니다.

❹ 산호초는 　　　　　　　　 으로부터 해안선을 지켜주는 방파제 역할을 합니다.

| 태 | 사 | 투 | 표 | 해 | 일 | 백 | 산 | 타 | 나 |
|---|---|---|---|---|---|---|---|---|---|
| 풍 | 수 | 서 | 아 | 하 | 파 | 중 | 산 | 명 | 망 |
| 니 | 재 | 지 | 식 | 카 | 동 | 류 | 소 | 두 | 도 |
| 바 | 바 | 색 | 모 | 처 | 요 | 소 | 후 | 터 | 시 |
| 고 | 지 | 탕 | 평 | 상 | 간 | 조 | 먹 | 지 | 소 |
| 이 | 산 | 화 | 탄 | 소 | 현 | 식 | 이 | 정 | 지 |
| 감 | 투 | 표 | 지 | 수 | 해 | 우 | 미 | 화 | 나 |

아름답고, 해양 생물과 인간에게 도움을 주는 산호초가 점점 하얗게 변해 가고 있습니다. 세계자원연구소에서는 지구 온난화로 바닷물 온도가 높아지고 해양 오염이 계속된다면 2030년에는 전체 산호초의 90%가 위험에 빠지고, 2050년에는 산호초가 모두 사라질 것이라고 경고하고 있습니다.

3. 산호초가 겪고 있는 백화 현상이 무엇인지 조사하고 그림으로 나타내어 봅시다.

백화 현상 전

백화 현상 후

4. 백화 현상으로 하얗게 된 산호들을 다시 살리려면 어떻게 해야 할까요? 색연필로 우리가 할 수 있는 일을 적고, 원하는 색을 칠합니다. 색칠한 색연필의 색깔을 이용하여 다양한 산호초를 색칠해 봅시다.

# 벌 이야기

## 벌이 사라지고 있어요!

**1. 42-43쪽을 펼쳐 아래 그림을 찾아 동그라미 ○ 표시를 해 봅시다.**

**2. QR코드를 찍어 영상을 살펴보고 세 문장으로 요약해 봅시다.**
**(부록 활동지 참고)**

벌 이야기

❶

❷

❸

**3. 꿀벌은 어떻게 생겼을까요? 빈칸에 알맞은 말을 적어 봅시다.**

보기 침이 있는 꽁무니, 머리, 겹눈, 꽃가루 주머니, 다리, 가슴, 혀, 날개

**4. 꽃가루 수분 과정을 순서에 맞게 숫자를 적어 봅시다.**

다른 꽃으로 이동하며 꽃가루를 옮긴다.

꽃가루가 꿀벌의 몸에 붙으면 꿀벌은 다리로 꽃가루를 몸에서 떼어 내어 '꽃가루 바구니'에 모은다.

꿀벌은 일벌들에게 꿀을 전달한다.

꽃가루가 다른 꽃의 암술에 묻어 수분이 이루어진다.

길고 가느다란 빨대 같은 혀를 사용하여 꿀을 수집한다. 꿀벌의 꿀 주머니에 수집한 꿀을 저장한다.

꿀이 있는 꽃을 찾기 위해 꽃을 탐색한다.

**5. 벌이 사라지고 있다고? 아래의 글을 읽고 모둠 친구들과 벌이 멸종 위기에 처한 이유를 조사하여 적어 봅시다.**

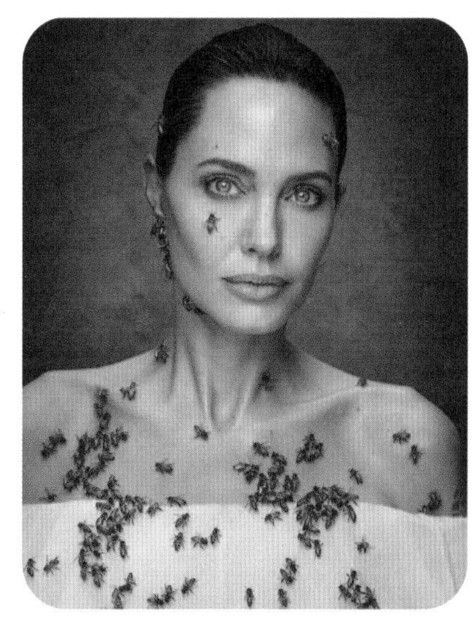

2021년 5월, 내셔널지오그래픽 홈페이지에 유명한 할리우드 배우 안젤리나 졸리가 벌떼와 함께 찍은 사진이 공개되었습니다. 안젤리나 졸리는 이 사진을 찍기 위해 18분간 벌에 뒤덮인 채로 꼼짝하지 않았다고 합니다. 그녀가 이러한 사진을 찍은 이유는 '세계 벌의 날'을 맞아 벌을 보호하자는 프로젝트 때문이었습니다.

지난 2016년, 꿀벌의 수가 점점 줄어들고, 기후 변화의 영향으로 더욱 악화될 것이라 우려하여 꿀벌을 '멸종 위기 생물'로 지정하였습니다. 이어서 유엔은 2017년 생태계 보호에 중요한 역할을 맡고 있는 꿀벌의 가치를 알리기 위해 매년 5월 20일을 '세계 벌의 날'로 지정하였습니다.

도대체 꿀벌이 어떤 중요한 역할을 담당하고 있길래, 꿀벌이 사라지면 안 되는 걸까요? 단지 우리가 꿀을 먹지 못해서일까요? 꿀벌은 꽃에서 꿀을 채취할 뿐 아니라, 한 꽃에서 다른 꽃으로 비행하며 꽃가루를 옮깁니다. 이 과정에서 자연스럽게 꽃가루가 다른 꽃의 암술에 묻는, 즉 수분이 이루어집니다. 유엔식량농업기구(FAO)에 따르면 전 세계 식량 작물 가운데 63%가 꿀벌의 수분에 의해 열매를 맺는다고 합니다. 만약 꿀벌이 수분을 충분히 하지 못하면 어떻게 될까요? 다양한 식물이 자라는 데 어려움이 생길 것입니다. 그러면 식물뿐만 아니라 식물에서 서식하는 애벌레나 새도 영향을 받게 될 것입니다.

**우리 모둠이 조사하여 찾은 내용**

6. 5번 글과 관련지어 이 사진이 의미하는 바가 무엇인지 적어 봅시다.

꿀벌이 사라진다면

## 7. 세계 벌의 날 포스터를 만들어 학교에 게시해 봅시다.

준비물 도화지, 꾸미기 재료

❶ 포스터에 내가 꼭 담고 싶은 내용은 무엇인가요?

❷ 어떤 방식으로 표현하면 좋을까요?

❸ 학교의 많은 친구들이 보기 위해 포스터를 어떻게 게시할까요?

# 판다 이야기

## 판다가 사라지고 있어요!

1. 42-43쪽을 펼쳐 아래 그림을 찾아 ○ 표시를 해 봅시다.

2. QR코드를 찍어 영상을 살펴보고 세 문장으로 요약해 봅시다. (부록 활동지 참고)

판다 이야기

❶

❷

❸

## 3. 판다의 성장에 대하여 알아보고 아래 보기에서 답을 찾아 빈칸을 채워 봅시다.

- 갓 태어난 아기 판다의 무게는 약 ________ g이다.
- 갓 태어난 아기 판다의 몸길이는 약 ________ cm이다.
- 갓 태어난 아기 판다는 핑크빛 피부에 ________ 색의 털로 덮여 있다.

- 아기 판다가 태어난 지 약 ____ 일쯤 되면 눈을 처음 뜬다.
- 아기 판다가 태어난 지 20일쯤 되면 몸에 ________ 무늬가 드러나면서 완연한 판다의 모습을 보인다.

- 판다가 태어난 지 2-3달쯤 되면 뒤집기를 하고, 송곳니가 나며, 스스로 앉기 시작한다.
- 판다가 태어난 지 100일쯤 되면 몸무게는 약 ________ 배, 몸길이는 약 ______ 배가 커진다.

- 판다의 먹이 중 99%는 ________ 이다.
- 판다는 태어난 지 보통 1년 6개월에서 2년이 되면 ________ 생활을 시작한다.

- 판다가 태어나고 4년이 되면 ________ 을 위해 ________ 으로 돌아가야 한다.
- 판다의 야생 개체 수가 1980년대 약 1,100마리에서 현재 약 1,900마리까지 증가했다.

**보기** 번식, 40, 독립, 대나무, 30, 검은, 100-150, 흰(하얀), 16, 중국, 4

**4. 2016년 자이언트 판다는 멸종 위기종에서 취약종으로 분류되었습니다. 자이언트 판다가 한때 멸종 위기종이었던 이유를 생각해 봅시다.**

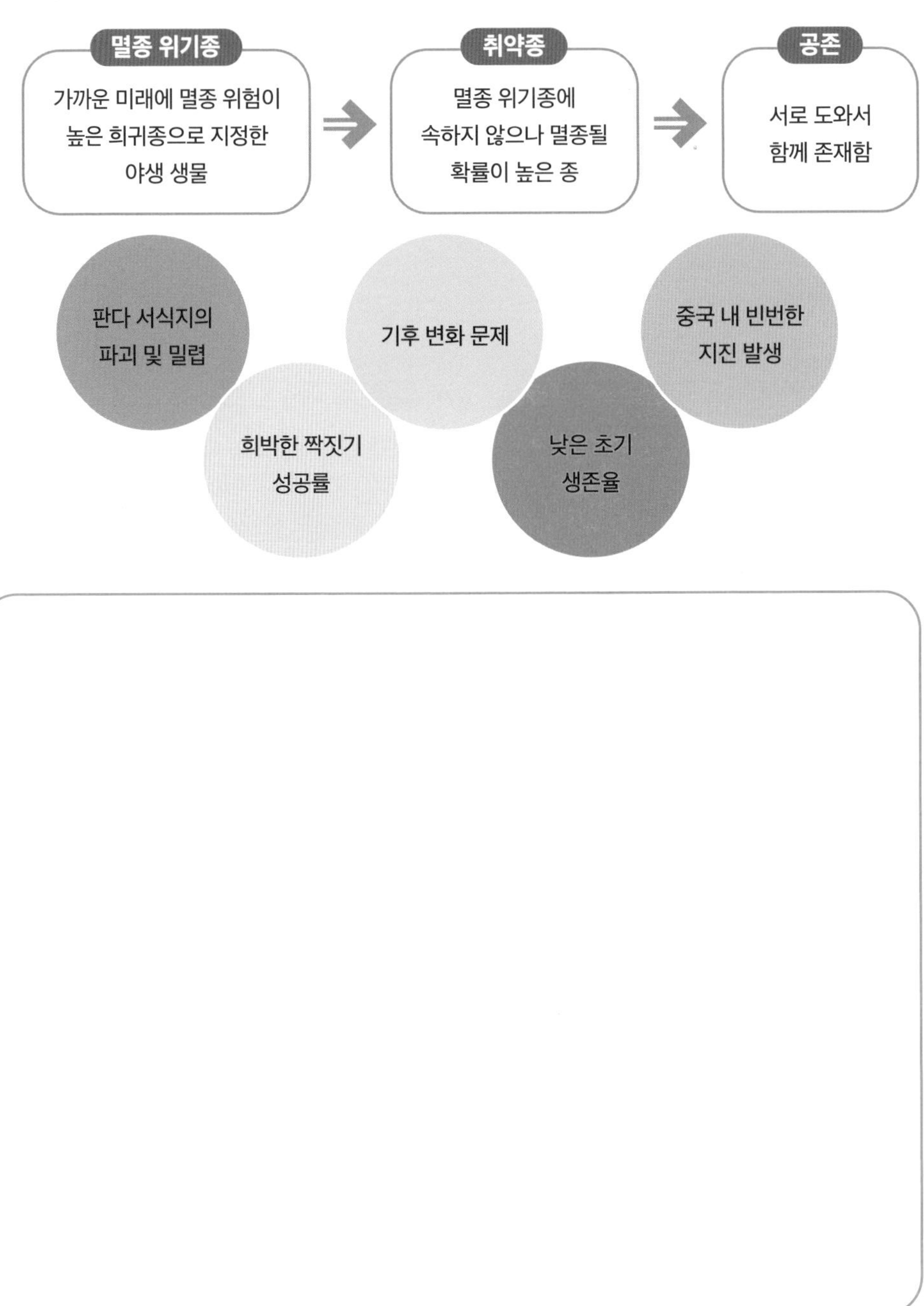

5. 중국 정부를 포함하여 전 세계는 멸종 위기종 문제를 해결하려고 노력하고 있습니다. 중국으로 돌아간 푸바오는 어떻게 살고 있을지 뒷이야기를 상상하여 적어 봅시다.

# 평화로운 생태 환경 만들기

모둠별로 4컷 영상을 만들어 봅시다

1. 1·2차시에 그렸던 기름종이를 아래 그림에 겹쳐 봅시다.

**2. 지난 시간에 기름종이에 그렸지만, 지금은 없는 동물은 무엇이 있는지 적어 봅시다.**

예 산호초

**3. 왜 2번의 동물들은 그림에서 사라졌는지 그 이유를 적어 봅시다.**

**4. 기름종이에 내가 좋아하는 동물을 추가로 그렸다면, 그 동물도 사라졌을지 인터넷으로 검색하여 알아봅시다.**

5. 사라진 동물들을 다시 우리 곁으로 불러올 방법은 없을까요? 사라진 동물들을 다시 만나기 위해 우리가 할 수 있는 일들은 무엇이 있을지 조사하여 두 가지 적어 봅시다.

❶

❷

6. 우리 모둠이 4컷 영상으로 만들어 볼 주인공 생물을 토의하여 정해 봅시다.

7. 4컷에 어떤 내용이 들어갈지 이야기를 지어 봅시다.

| | |
|---|---|
| | |
| | |

**8. 7번, 4컷 영상을 위한 만화 가운데 자신이 맡은 1컷을 그림과 글로 완성해 봅시다. 색칠도 꼼꼼하게 해 주세요! 그리고 디지털 기기 카메라를 사용하여 4컷 영상으로 만들어 봅시다.**

글, 그림 등의 방법을 활용하여 수업에서 배운 내용을 정리해 봅니다.

# 이반의 일기

"내 소원은 죽어서도 영원히 사는 거야."

안네의 일기를 인상 깊게 읽은 우크라이나에 살고있는 이반(가상 인물)은 안네처럼 자신의 일상을 일기로 남깁니다.

우리는 이반의 일기를 통해 우리와 다른 삶을 살고 있는 이반의 삶을 간접적으로 체험하고, 이반이 느꼈을 전쟁의 참혹함과 고통을 이해하며, 평화의 소중함을 알아봅니다.

# 이 챕터의 흐름

국어 — 일기의 이야기 예측하기

국어 도덕 — 가상 희망 일기 쓰기

도덕 미술 — 점과 선으로 감정 표현하기

국어 음악 — 글과 어울리는 배경 음악 찾기

도덕 미술 — 감정 이모티콘 만들기

국어 도덕 미술 — 시선을 바꾸어 그리기

국어 도덕 — 마음을 표현한 편지 쓰기

국어 도덕 — 지구촌의 고통받는 어린이들에게

- 생각 열기
- 탐구하기
- 함께하기

# 일기의 이야기 예측하기

나의 일기와 비교하며 일기의 이야기를 상상해 봅시다

**✦ 여러분은 오늘 하루를 어떻게 보냈나요? 기억에 남는 일을 떠올리며 일기를 적어 봅시다.**

| 년 월 일 요일 | 날씨 |
|---|---|
| 제목 | |

| 2025 년 3 월 11 일 화 요일 | 날씨 맑음 |
| --- | --- |
| 제목 '쾅! 소리가 들리는 이상한 날 | |

오늘은 이상한 날이다. 학교에 가는 중에 비행기가 날아 다니고 '쾅' 하는 큰 소리가 한 번씩 들렸다. 1교시가 시작되자, 선생님께서 "오늘은 집에 돌아가라."라고 했다. 이상했지만 친구들과 함께 놀자고 하며 즐겁게 집에 왔다. 집에 가니 일을 가셨던 부모님도 돌아오셔서 TV를 보고 계셨다.

**1. 일기에서 이반은 '쾅!' 하는 큰 소리를 들었다고 했습니다. 이반이 들은 소리는 무슨 소리일지 적어 봅시다.**

**2. 앞으로 이반은 어떠한 일을 겪게 될지 생각한 내용을 적어 봅시다.**

**3. 이반과 비슷한 상황에 처해 있는 사람들의 이야기를 뉴스나 신문 또는 인터넷을 통해 본 적이 있는지 적어 봅시다.**

# 가상 희망 일기 쓰기

## 일기 속 글쓴이의 마음을 생각하며 가상 희망 일기를 적어 봅시다

| 2025 년 3 월 15 일 토 요일 | 날씨 맑음 |
|---|---|
| 제목 밖에 나가고 싶어요 | |

오늘도 사이렌 소리와 번쩍거리는 불빛에 잠을 깼다. 엄마와 아빠는 그 소리에 급히 짐을 싸기 시작했다. 엄마에게 "오늘 어디 가?"라고 물어봤는데 "밖에 나가지 말고 집에만 있어라."라고 말씀하셨다. 주말이 지났는데 학교도 가지 말라고 하신다. 어쩌지, 오늘 알렉산더랑 축구하기로 했는데….

**1. 일기에서 글쓴이가 하루 동안 느낀 기분이나 감정을 나타내는 단어를 찾아 순서대로 쓰고, 그 이유도 적어 봅시다.**

보기

기쁘다 그립다 흐뭇하다 안전하다 두렵다 무섭다 신나다
속상하다 궁금하다 고맙다 놀랍다 반갑다 든든하다
불안하다 부끄럽다 설레다 신나다 조급하다 우울하다
외롭다 재미있다 행복하다 흥분되다 화나다 창피하다
지루하다 후련하다 긴장되다 간절하다 불편하다 얄밉다

| 순서 | 이반이 겪은 상황 | 이반이 느낀 감정(기분) | 감정(기분)을 느낀 이유 |
|---|---|---|---|
| ❶ | | | |
| ❷ | | | |
| ❸ | | | |
| ❹ | | | |

**2. 글쓴이의 마음을 생각하며, 내가 일기의 주인공(이반)이 되어 '가상 희망 일기'를 써 보고 그림으로 표현해 봅시다.**

| 년 월 일 요일 | 날씨 |
|---|---|
| 제목 | |

가상 희망 일기란, 일기의 글쓴이가 희망하는 하루 생활을 가상으로 떠올려 써 보는 일기를 말합니다.

# 점과 선으로 감정 표현하기

이야기 속 주인공의 감정을 알아보고, 점과 선으로 그림을 표현해 봅시다

| 2025 년 5 월 7 일 수 요일 | 날씨 맑음 |
|---|---|
| 제목 내가 있어 줄게, 알렉산더! | |

띵동! 알렉산더가 우리집에 왔다. 알렉산더의 부모님이 말씀도 없이 계속 울기만 하셔서 우리집에 왔다고 했다. 알렉산더의 형이 일주일 전, 자동차로 2시간 떨어져 있는 어떤 도시로 갔다는 건 우리도 알고 있었다. 혹시 형이 다친 걸까?

우리 마을에 변화가 생겼다. 굉음과 함께 많은 건물이 무너졌다. 자꾸 들리는 큰 굉음과 싸이렌 소리. 어른들이 뉴스를 듣고 나누는 대화를 들으니 내 마음은 불안하고, 두려워졌다.

알렉산더의 형이 있는 곳은 어딜까?

1. 이반의 일기 속에서 알렉산더의 마음은 어떨지 캐릭터의 표정을 보고 알맞은 것에 ○ 표시를 해 봅시다.

2. 알렉산더에게 어떤 말을 해야 할지 마음이 드러나도록 위로의 말을 건네 봅시다.

3. 다음 예시 작품을 보고, 점과 선이 나타나도록 아래의 그림을 색칠해 봅시다.

# 글과 어울리는 배경 음악 찾기

## 일기를 읽고, 글의 내용과 어울리는 배경 음악을 찾아봅시다

| 2026 년 2 월 5 일 목 요일 | 날씨 흐림 |
|---|---|

제목 사람들이 사라지고 있어요

오늘은 너무 슬픈 날이다. 아빠가 당분간 멀리 다녀온다며, 집을 나섰다. 엄마는 나를 끌어안고 펑펑 우셨다. 나도 당분간 아빠를 볼 수 없다는 사실에 같이 울었다. 한참을 울다 알렉산더에게 전화를 했다. 알렉산더의 아빠도 오늘 먼 곳으로 떠나셨다고 했다. 도대체 우리 마을 아저씨와 삼촌들은 다 어디로 가시는 걸까?

**1. 글쓴이는 어떤 마음일지 상상하여 적어 봅시다.**

## 2. 일기의 장면과 어울리는 배경 음악을 찾아봅시다.

가수(또는 작곡가) :

노래 제목 :

## 3. 모둠 친구들이 찾은 노래를 돌려가며 들어 봅시다.

## 4. 음악을 듣고, 가장 잘 어울리는 배경음악 한 가지를 선택하고 이 노래를 들으면서 느껴지는 기분을 자유롭게 표현해 봅시다.

친구 이름 :

가수(또는 작곡가) :

노래 제목 :

느낀 점 :

## 5. 다른 모둠 친구들이 찾은 음악을 들어 봅시다.

# 감정 이모티콘 만들기

일기를 읽고 글쓴이의 감정을 떠올리며 이모티콘을 만들어 봅시다

| 2027 년 5 월 9 일 일 요일 | 날씨 흐림 |
|---|---|
| 제목 새로운 놀이터, 새로운 학교 | |

내가 지금 지내는 곳은 옛날 집만큼 튼튼하고 안전하지는 않지만, 친구들과 함께 지낼 수 있다는 좋은 점도 있다. 요즘 우리에게 새로운 놀이터가 생겼다. 엄청나게 큰 고장 난 탱크가 우리의 놀이터다. 탱크 안에는 여러 가지 부서진 놀잇감이 많은데, 우린 그것을 가지고 논다.

4학년이 되고, 방수천으로 지은 학교에 간다. 수업 중 자주 싸이렌 소리가 들리지만 그래도 우리는 계속 공부를 한다.

**1. 글쓴이에게 일어난 일을 시간 순서에 따라 감정이 드러나게 간단하게 그림으로 그려 봅시다.**

2. 글쓴이와 친구가 새로운 놀이터에서 놀면서 어떠한 대화를 나누었을지 상상하며, 말풍선을 채워 봅시다.

3. 위 글쓴이와 친구의 감정을 떠올리며 '나만의 이모티콘'을 만들어 봅시다.

# 시선을 바꾸어 그리기

## 시선을 바꾸어 포스터를 그려 봅시다

| 2029 년 12 월 31 일 월 요일 | 날씨 맑음 |
|---|---|
| 제목 졸업 사진 | |

오늘은 예전에 다녔던 학교 건물에서 졸업 사진을 찍었다. 지금은 흔적을 알아보기 힘들 정도로 무너져 내렸지만, 한때는 아무 걱정 없이 행복한 학교 생활을 했던 곳이다. 우리의 졸업 사진을 찍어 주신 사진작가님은 굉장히 유명한 분으로 우리나라에서 무슨 일이 벌어지고 있는지 세상에 알리고 싶어, 폐허가 된 학교에서 졸업 사진을 찍는다고 했다.

아빠가 졸업 사진을 보신다면 어려움 속에서도 씩씩하게 자란 나의 모습에 자랑스러워 할 것 같다. 아빠, 보고 싶어요. 언제 오세요?

**1. 다 무너진 학교에 갔다 와 일기를 쓴 글쓴이는 어떤 생각을 했을지 적어 봅시다.**

**2. 다음 글을 읽고 졸업 사진을 통해 전 세계에 어떤 메시지를 전하고 싶었을지 적어봅시다.**

전쟁의 잔해 속에서 우크라이나 학생들이 졸업 사진을 찍었습니다. 러시아의 공격으로 파괴된 학교, 불에 타 버려진 탱크 위, 폭격으로 푹 꺼진 땅 앞 등 학생들 스스로가 촬영 장소를 골랐다고 합니다. 학생들은 전쟁으로 파괴된 건물이 많아 마음이 아팠지만, 그래도 그들은 절망하지 않고 씩씩하게 촬영을 잘 마쳤다고 합니다.

**3. 전쟁을 나타내는 그림을 다른 시각으로 바라보며 '전쟁을 멈추자'는 내용으로 포스터를 그려 봅시다.**

이 포스터는 전쟁을 대표하는 탱크의 그림을 반대의 의미인 평화를 나타내는 그림으로 바꾸어 그렸습니다. 여러분들도 전쟁을 대표하는 그림을 평화로운 시각으로 바라보며 전쟁을 멈추자는 포스터를 그려 봅시다.

# 마음을 표현한 편지 쓰기

## 구호 물품 속 편지를 적어 봅시다

| 2030 년 3 월 3 일 일 요일 | 날씨 맑음 |
|---|---|

제목 도움의 손길

중학생이 된 나에겐 많은 변화가 생겼다. 우리의 초등학교 졸업 사진은 세계 여러 나라에 방송되었다. 그 이후로 우리가 머무는 곳, 지역에 자원봉사자들이 아픈 사람들의 치료를 돕고 있고 옷이나 물, 생활용품 등을 나누어 주고 있다. 하지만 구호 물품을 받으려면 엄청나게 긴 줄을 서서 차례가 오기만을 기다려야만 한다. 이런 지원이 너무 감사하지만 여전히 충분하지는 않다.

1. 다양한 구호 단체에서는 사람이 살아가기 위해 꼭 필요한 구호 물품들을 전달합니다. 어떤 물품들을 전달하는지 확인해 봅시다.

**물, 식수 정화제**
동전만 한 알약을 넣어 더러워진 물을 깨끗하게 만들어 식수로 사용할 수 있습니다.

**통조림**
유통기한이 길고, 통이 튼튼해 전쟁 상황에서도 음식이 손상되지 않게 보관되어 먹기 편합니다.

**밀가루, 쌀, 옥수수 가루**
당장 굶지 않도록 기본적인 음식 재료로 사용할 수 있습니다.

**긴급 구호 비상식량**
필수 미네랄과 비타민이 많은 시리얼은 영양실조를 예방할 수 있습니다.

**영양실조 치료식**
많은 양의 비타민과 미네랄을 함유한 영양실조 치료식은 영양실조로 생명이 위험한 아이들의 회복을 도울 수 있습니다.

**소독약, 반창고**
전쟁 파편으로 인해 상처가 나는 경우가 많아 치료에 필요합니다.

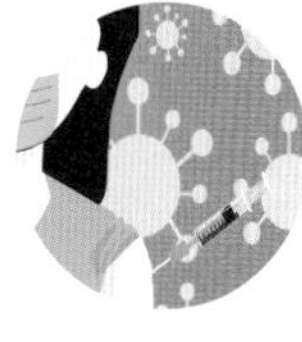

**예방 접종**
파상풍, 결핵, 백일해, 소아마비, 홍역 등 예방 접종을 통해 질병을 예방하고 목숨을 잃지 않도록 해 줍니다.

**비누**
비누로 씻음으로써 청결을 유지하고 감염병을 예방합니다.

**방수천**
비바람과 자외선으로부터 보호하기 위해 방수천으로 임시 대피소를 만들 수 있습니다.

**항생제**
바이러스에 감염되었을 때 치료할 수 있는 약입니다.

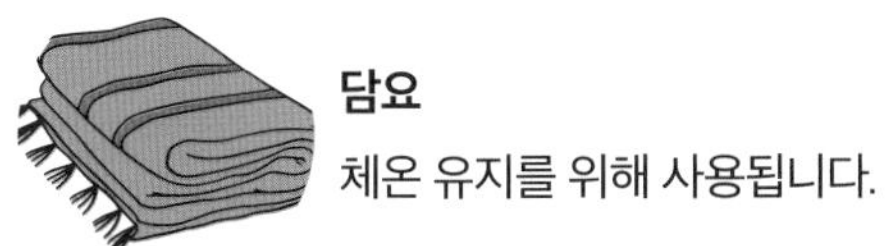

**담요**
체온 유지를 위해 사용됩니다.

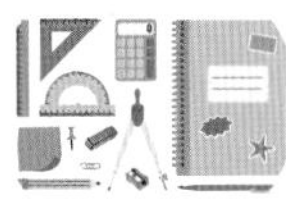

**학습 도구 키트, 퍼즐**
전쟁으로 인해 정신적 충격을 느낀 어린이들이 놀이는 물론 자극 및 학습 기회를 얻어 정신적으로 건강하게 성장시키게 합니다.

**2. 내가 이 일기를 쓴 글쓴이라면 어떤 구호 가장 필요로 하고 원하는지, 구호 물품 여섯 가지를 골라 보고 그 이유를 적어 봅시다.**

구호 물품 : ______________

이유: ______________

______________

구호 물품 : ______________

이유: ______________

______________

구호 물품 : ______________

이유: ______________

______________

구호 물품 : ______________

이유: ______________

______________

구호 물품 : ______________

이유: ______________

______________

______________

구호 물품 : ______________

이유: ______________

______________

______________

3. 구호 물품과 함께 우리가 쓴 편지를 이반에게 보낼 수 있다면, 이반에게 해 주고 싶은 이야기는 무엇인가요? 편지로 적어 봅시다.

# 지구촌의 고통받는 어린이들에게

## 지구촌에서 일어나는 전쟁의 피해를 알고 도움의 손길을 조사해 봅시다

| 2032 년 4 월 15 일 목 요일 | 날씨 맑음 |
|---|---|
| 제목 행복을 꿈꾸며 | |

나에게 꿈이 생겼다.

오늘 엄마와 예전에 우리 가족이 함께 살던 집에 가 보았다. 행복했던 지난 추억들이 머릿속을 스쳐 지나갔다. 올해도 아빠는 돌아오지 못하셨지만, 내년에는 꼭 돌아오시겠다고 약속하셨다. 그땐 내가 안전하고 튼튼한 집을 지어, 우리 가족이 함께 행복하게 살고 싶다.

언제쯤 다시 내가 꿈꾸는 집으로 돌아갈 수 있을까?

**1. 이반이 가족과 함께 집으로 돌아가 행복하게 살기 위해 필요한 것은 무엇인지 적어 봅시다.**

2. 일기에서 이반이 꿈꾸는 행복한 가족의 모습을 그려 봅시다.

3. 우크라이나와 팔레스타인은 전쟁으로 고통받고 있습니다. 과연 이곳에서 무슨 일이 일어나고 있는지, QR코드를 찍어 기사를 읽어 봅시다.

7개월 동안 어두운 지하실이나 지하철역에 대피해 지내는 것이 어떨지 상상해 보세요. 전쟁으로 우크라이나 어린이들은 배울 기회를 잃고 기약 없이 대피소에서 지내야 했습니다.
지금, 우크라이나 아이들은 어떻게 지내고 있을까요?

팔레스타인 가지지구에서는 전쟁으로 식량과 물이 부족해 약 50만 명이 기아에 직면했습니다. 특히 아이들은 면역력이 떨어져 질병의 위험까지 안고 있습니다. 도대체 전쟁으로 인한 고통은 언제 끝날까요?

4. 이반과 같이 전쟁으로 인해 피해를 입어 어려움을 겪고 있는 친구들에게 도움을 주는 단체들을 찾고, 어떠한 활동을 하는지 조사해 봅시다.

가자지구, 이스라엘 피해 현황

| 피해규모 | 가자지구 | 이스라엘 |
|---|---|---|
| 사망자 | 36,100명 이상<br>(어린이 14,100명) | 최소 1,200명<br>(어린이 35명 이상) |
| 부상자 | 81,136명 이상<br>(어린이 12,320명) | 7,500명 이상 |

출처: 유니세프(2024년 6월 18일 기준)

| 단체명 | 하는 일 | 최근 전쟁이 일어난 나라의 사람들에게 지원한 사례 |
|---|---|---|
| | | |
| | | |
| | | |
| | | |

건강

# 건강을 지켜 주는 열쇠를 찾아라

나는 건강한가요? 혹시 내 주변에 건강이 걱정되는 사람이 있나요?
세계적으로, 누구에게나, '행복'에 대해 조사를 하면 항상 1순위로 언급되는 주제가 있습니다.
바로 '건강'입니다. 그렇다면 왜 행복을 말할 때 건강이 우선시되는 걸까요?
만약 내가 혹은 나의 주변 사람이 건강하지 못하다면, 여러분의 기분은 어떻겠습니까?
슬플 겁니다. 그래서 이 문제를 해결하기 위해 무엇이 필요할지 생각해 보며 적극적으로
움직일 것입니다. 이는 곧 건강이 삶의 만족 지수를 높이는 데 기여해 행복에도 영향을 주기
때문입니다. 자, 그럼 지금부터 우리가 건강할 수 있도록 필요한 열쇠를 찾아봅니다.

# 이 챕터의 흐름

국어 건강하게 살기 위해

국어 진료 비용이 이렇게 다르다고?

국어 예방 접종은 꼭 필요해요!

국어 도덕 건강검진을 하는 이유는?

국어 지역마다 병원 개수가 다르다고?

도덕 건강 열쇠를 찾아서

- 생각 열기
- 탐구하기
- 함께하기

# 건강하게 살기 위해

## 건강하게 살기 위해 필요한 게 무엇일지 생각해 봅시다

**1. '멘티미터'를 이용하여 건강한 삶을 살기 위해 필요한 것이 무엇인지 답변해 보고, 어떤 답변이 많이 나왔는지 확인해 봅시다.**

균형잡힌 식사 운동 병원 약 음식 친구 사랑 휴식 가족 잠

건강하게 살기 위해서 필요한 것은 무엇이라고 생각합니까?

건강한 삶

14 responses

**2. 나의 건강 혹은 가족들의 건강과 관련하여 아팠거나 걱정해 본 경험을 적어 봅시다.**

**3. 세계 여러 나라에는 가벼운 질병에 걸렸지만, 치료제를 구하기 어렵거나 병원이 너무 멀어 힘들어하는 아이들이 많습니다. QR코드를 찍어 영상을 시청하고 그런 친구들에게 마음을 전하는 글쓰기를 해 봅시다.**

열악한 병원 환경으로
치료를 받지 못하는 아이들

**4. '멘티미터' 화면을 다시 살펴보면서 건강한 삶을 살기 위해 필요한 것 중 새롭게 떠올린 것을 추가로 적어 봅시다.**

# 진료 비용이 이렇게 다르다고?

## 다른 나라와 우리나라의 진료비를 비교해 봅시다

✦ **같은 날, 같은 상황의 만화를 읽고 물음에 답해 봅시다.**

1. 여러분의 경험을 떠올려 보고 한국 상황에서 마지막 장면에는 어떤 내용이 들어갈 것 같은지 만화를 완성해 봅시다.

2. 감기로 인한 고열이 지속되어 소아과를 방문했을 때 각 나라의 진료비 영수증이 아래와 같다면, 어떠한 생각이 드는지 적어 봅시다.

**한국**

**○○소아과 영수증**

|  |  |
|---|---|
| 진료비 | 25,000원 |
| 약제비 | 20,000원 |
| **공단 부담금** | **36,900원** |
| **개인 부담금** | **8,100원** |

**A 국가**

**□□소아과 영수증**

|  |  |
|---|---|
| 진료비 | 160,000원 |
| 약제비 | 40,000원 |
| **공단 부담금** | **10,000원** |
| **개인 부담금** | **190,000원** |

공단 부담금: 건강보험공단이 치료비 및 약제비 중 일부 비용을 내주는 것

개인 부담금: 개인이 내는 비용

**3. 제시된 두 나라의 영수증 속 개인 부담금이 왜 이렇게 많은 차이가 날까요? 영수증에서 그 이유를 찾아 다른 점 두 가지를 적어 봅시다.**

❶

❷

**4. 내가 보다 더 '건강한 삶'을 살기 위해서는 한국과 A국가 중 어느 나라에 거주하는 것이 좋을지 선택하고, 그 이유를 적어 봅시다.**

**5. 지난 시간에 공부했던 '건강한 삶'에 대해 생각해 보고, 만약 감기에 걸렸을 때, 내가 건강한 삶을 유지하기 위해 병원을 방문한다면 얼마 정도 진료비를 내야 적절한지 적어 봅시다.**

진료비

약제비

**6. 감기에 걸려 약국에서 약을 구입해 먹어도 증상이 계속되어 병원에 갔습니다. 그런데 진료비가 20만 원이라면 어떨까요? 상황과 기분이 잘 드러나도록 그림일기 형식으로 표현해 봅시다.**

| 년 월 일 요일 | 날씨 |
| --- | --- |

제목

# 예방 접종은 꼭 필요해요!

## 예방 접종이 필요한 이유를 알아봅시다

✦ **같은 날, 같은 상황의 만화를 읽고 물음에 답해 봅시다.**

**1. 다음 지문을 읽고, 한국 상황에서 만화의 마지막 장면에 어떤 내용이 들어갈 것 같은지 적어 봅시다.**

폐렴으로 인한 5세 미만 아동 사망자가 80만 명에 달합니다. 폐렴은 예방 접종의 효과가 좋아 적절한 시기에 진단이 이루어지면 쉽게 치료가 가능합니다. 그러나 수천만 명의 아동이 예방 접종을 받지 못하여 폐렴으로 사망하고 있습니다. 세계에서 가장 많은 아동을 사망케 하는 질병 1위입니다. 현재 우리나라의 경우 폐렴구균 접종을 모든 아동에게 실시하여 예방하고 있습니다.

**5세 미만 아동 폐렴 사망자 수 1위-5위 국가**

| 나라 | 아동 명 |
|---|---|
| 나이지리아 | 162,000 명 |
| 인도 | 127,000 명 |
| 파키스탄 | 58,000 명 |
| 콩고민주공화국 | 40,000 명 |
| 에티오피아 | 32,000 명 |

출처: 세이브더칠드런(2018년 기준)

**3. 우리나라는 예방 접종률은 96%로 세계 최고 수준입니다. 12세 이하의 어린이 필수 예방 접종 비용을 전액 지원하고 있기 때문이죠. 가까운 의료기관에서 예방 접종을 할 수 있고요. 그럼, 질병관리청 사이트에 들어가 생애 주기별 예방 접종에 대해 알아봅시다.**

| 시기 | 백신 종류 | 대상 감염병 |
|---|---|---|
| 출생 후<br>-12개월 | | |
| -24개월 | | |
| -4세 | | |
| -5세 | | |
| -7·8세 | | |

# 건강검진을 하는 이유는?

건강검진의 목적을 알고 감사의 마음을 표현해 봅시다.

✦ 같은 날, 같은 상황의 만화를 읽고 물음에 답해 봅시다.

**1. 여러분의 경험을 떠올려 보고 한국 상황에서 만화의 마지막 장면에 들어갈 내용을 적어 봅시다.**

**2. 우리나라 학생 건강검진 대상자별 검사 항목을 조사하여 정리해 봅시다.**

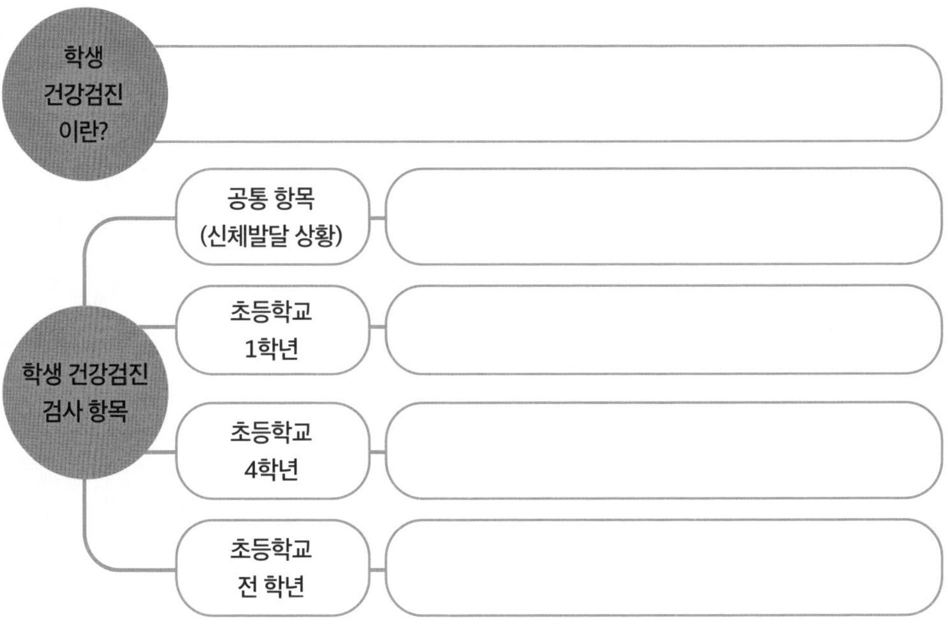

**3. 현재 우리나라 학생 건강검진(학교건강검사)제도의 장점과 더 바라는 점을 적어 봅시다.**

**4. 우리 학교를 방문하여 건강검진을 해 주신 의료진께 전하고 싶은 마음을 표현해 봅시다.**

# 지역마다 병원 개수가 다르다고?

## 병원 분포 지도를 살펴봅시다

✦ 같은 날, 같은 상황의 만화를 읽고 물음에 답해 봅시다.

1. 위의 만화가 의미하는 것이 무엇인지 적어 봅시다.

## 2. 시골에 사는 아이가 응급실로 오기까지의 과정을 쓴 그림일기를 읽어 봅시다.

| XXXX 년 XX 월 XX 일 X 요일 | 날씨 맑음 |
|---|---|

제목 동생이 많이 아픈 날

어젯밤, 이제 한 살 된 내 동생이 열이 심하게 났다. 엄마는 걱정이 돼, 병원에 가야겠다며 밤늦게까지 문을 연 소아청소년과를 찾아보셨지만 없었다. 그래서 동네와 가까이에 있는 응급실에 갔다. 하지만 어린 동생을 진료해 줄 의사가 없어 진료를 받지 못했다. 결국 우리는 자동차로 1시간을 달려, 도시에 있는 병원 응급실에 가서 진료를 받을 수 있었다.

① 일기를 쓴 형의 마음이 어땠을지 표정으로 표현해 봅시다. 그리고 무슨 생각을 했을지 적어 봅시다.

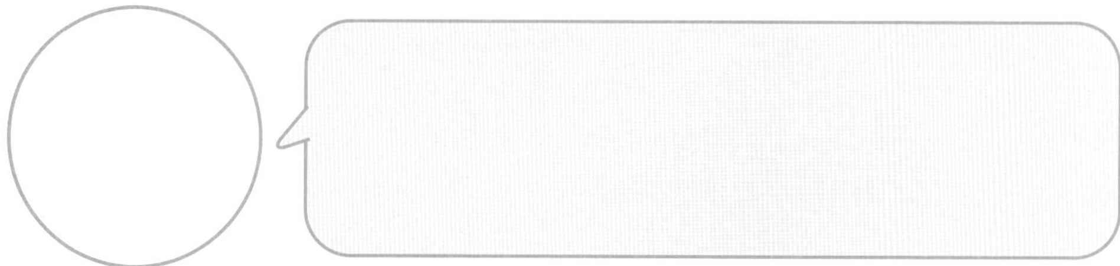

② B 지역에 사는 친구들이 이런 일을 겪게 된 까닭은 무엇인지 적어 봅시다.

## 3. 지역별로 병원의 분포가 어떻게 되는지 알아봅시다.

❶ QR코드를 찍어 통계지리정보서비스 홈페이지 접속 후, PC 버전을 클릭합니다.
❷ '활용서비스-업종통계지도'를 클릭합니다.
❷ 지도의 왼쪽에 있는 '업종 밀집도 변화'를 클릭합니다.
❸ '의료(5개)'-'병원'을 클릭하여 병원의 분포를 확인합니다. (반지름의 크기가 클수록, 노란색이 진할수록 병원 밀집도가 높습니다.)

통계지리정보서비스 홈페이지

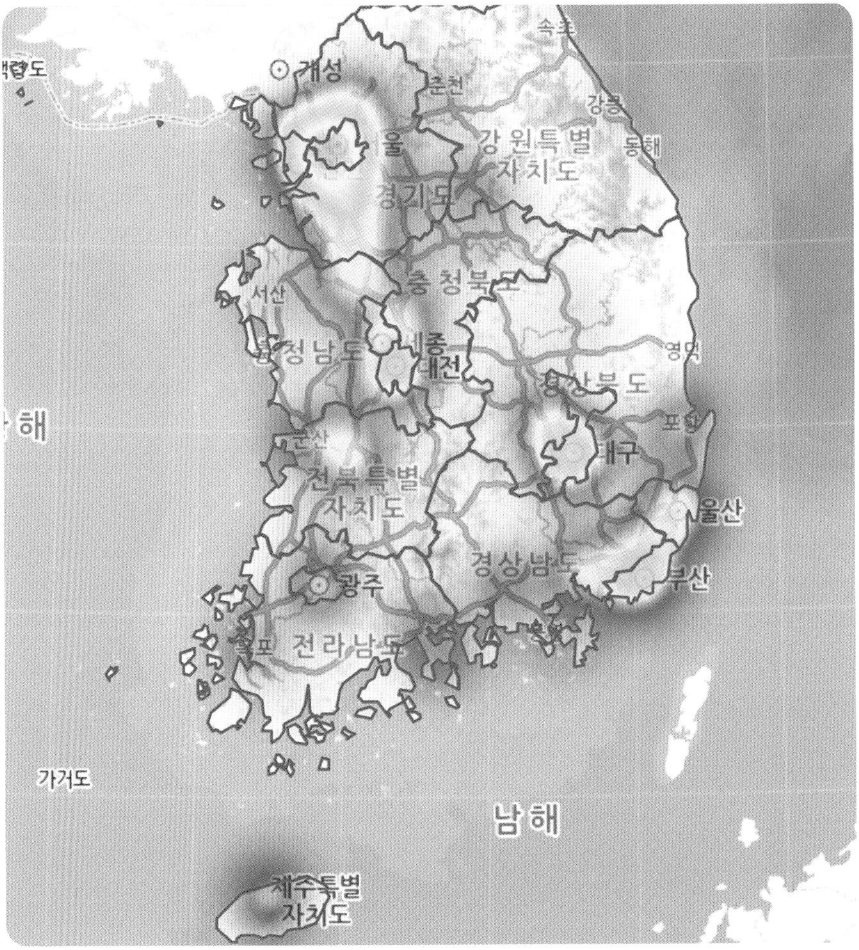

① 병원 밀집도 통계지도를 보면서 전국에서 병원의 밀집도가 높은 지역들의 이름을 적어 봅시다.

② 전국에서 병원의 밀집도가 높은 지역의 공통점이 무엇인지 생각해 봅시다.

③ 내가 살고 있는 곳의 병원 밀집도가 어떤지 찾아봅시다.

④ 지역별로 병원 분포의 불균형이 있는 까닭은 무엇인지 적어 봅시다.

**4. 병원 접근성 격차로 인해 농·어촌에 사는 사람들이 겪는 불편함을 알려 해결할 수 있도록 의료기관과 정부에 편지를 써 봅시다.**

2021년을 기준으로 도시 지역에는 의료 기관의 수가 33,451개가 있지만, 농어촌 지역(군 단위)에는 의료 기관의 수가 6,276개로 매우 적습니다.

의료 기관의 개수의 차이는 도시와 농어촌의 병원 접근성 차이로 연결됩니다. 도시에서 의료기관까지 이동 소요시간(2023년 편도 기준)은 16분인 반면 농어촌은 23.5분입니다. 이러한 병원 접근성 차이는 농어촌에 거주하는 거동이 불편한 노인분들에겐 매우 치명적입니다. 그래서 심각하게 아프지 않은 이상 병원에 가지 않고 참기 일쑤입니다.

## 우리나라가 병원 접근성 차이를 줄이기 위해 실시한 방법은?

정부와 지방자치단체, 기업은 병원의 접근성이 좋지 않아 제때 병원 진료를 받지 못하시는 분들을 위해 '농촌 왕진 버스' 서비스를 실시하고 있습니다. 농촌 왕진 버스는 의료기관이 없는 농촌에 의료진과 자원봉사자들이 직접 찾아가 건강검진과 진료를 해주고 필요한 경우 침 치료, 물리 치료, 약물 등을 제공합니다. 또한 시력 검사를 통해 시력에 맞는 돋보기도 무료로 제공합니다. 정부와 의료기관은 병원의 접근성이 좋지 않아 생기는 의료의 공백을 메우기 위해 노력을 하고 있으며, 앞으로는 이 서비스를 더 확대 제공할 계획입니다.

생각을 넓혀요!

## 병원까지 가기 더 힘든 나라들도 있다고? 다른 나라 상황은 어떨까?

의료기관의 접근성 문제는 비단 도시와 농촌의 문제만은 아닙니다. 일부 나라에서는 병원 진료를 받기 위해 3-5시간씩 걸어서 병원에 가는 것이 당연한 곳도 있고, 가장 가까운 병원이 50km 이상 떨어져 있어 병원에 갈 엄두를 내지 못하는 곳도 있습니다.

이런 문제를 해결하기 위해 노력하는 나라가 있습니다. 남아프리카공화국의 의료 기술은 매우 훌륭한 편입니다. 하지만 병원 등의 의료기관이 모두 도시에만 모여 있고, 의료진의 수가 턱없이 부족해, 모든 국민이 필요한 진료를 제때 받지 못합니다. 이런 의료 시스템의 문제를 해결하기 위해 '펠로페파'라는 병원 열차를 운영하고 있습니다. 펠로페파는 남아프리카공화국 토착어로 '건강'을 뜻합니다.

병원 열차 펠로페파는 다양한 의료진과 의료 시설을 실은 18칸짜리 열차로 남아프리카공화국 곳곳을 다니며 국민들에게 최소한의 의료 혜택을 제공하기 위해 노력합니다. 펠로페파가 마을로 들어오면 많은 사람들이 기차로 모여 진료를 받고 필요한 기본적인 치료를 받습니다. 하지만 병원 열차에서 일하는 의료진들은 의료 시스템이 잘 구축되어 더 이상 '펠로페파'를 운영하지 않는 날이 오길 기다리고 있습니다.

# 건강 열쇠를 찾아서

## 보드게임을 통해 건강한 삶을 위한 열쇠를 모아 봅시다

### ✦ 다음 안내를 읽고 부록 활동지를 활용하여 보드게임을 해 봅시다.

준비하기 상황 카드, 해결 코인

❶ 보드게임 상황 카드 4개를 바닥에 펼쳐 두고 나머지는 옆에 뒤집어서 쌓습니다.

❷ 해결 코인은 같은 것끼리 모아서 둡니다.

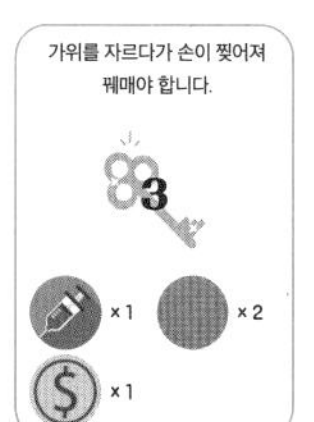

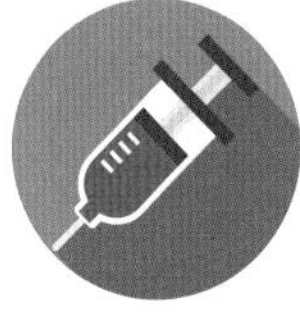

**해결 코인**

예방 접종을 통해 말라리아, 코로나19, 폐렴, 파상풍 등 다양한 질병을 예방할 수 있도록 도와줍니다.

병원까지의 접근성이 좋아야, 응급 환자들과 아픈 사람들이 제때 치료를 받을 수 있습니다.

진료 및 치료를 받을 때 적정한 비용이 들어야 경제적 상황과 상관 없이 누구나 필요한 치료를 받을 수 있습니다.

건강검진을 통해 질병을 조기에 발견하고, 성인병과 같은 생활습관병을 사전에 예방할 수 있습니다.

게임 방법

❶ 가위, 바위, 보를 해서 이긴 사람부터 오른쪽으로 순서가 돌아갑니다.

❷ 자신의 차례에는 아래의 두 가지 중 한 가지를 선택할 수 있습니다

**원하는 해결 코인 1개 가져오기**

4개의 해결 코인 중 1개를 선택해 가져갑니다.

**해결 코인으로 상황 카드를 구매하기**

상황 카드를 읽고 카드에 해당하는 해결 코인만큼을 반납하고 카드를 구매해 가져갑니다. 카드를 구매한 후에는 왼쪽에 쌓여 있는 상황 카드에서 새로운 카드 한 장을 뒤집어 놓습니다.

❸ 카드를 구매하면 황금열쇠를 얻습니다.
구매한 상황 카드에 적힌 황금열쇠 숫자가 내가 얻게 되는 열쇠의 개수입니다.

게임 종료 및 승패

❶ 누군가 모은 열쇠의 개수가 8개 이상이 되면 해당 턴까지 마치고 종료됩니다.

❷ 열쇠의 개수가 가장 많은 사람이 승리합니다. 동점자가 있는 경우 구매한 상황 카드 수가 적은 사람이 승리합니다.

**시크릿 카드**

분홍색 코인이 있는 카드는 스스로 생각하여 해결하는 시크릿 카드입니다.
제시된 상황에 알맞은 해결 코인이 무엇일지 생각합니다. 내가 찾은 해결 코인이 알맞은지 게임을 함께하는 친구들이 토의하여 판단합니다. 알맞은 것으로 인정이 되면 카드의 아래에 표시된 해결 코인만큼을 반납하고 카드를 구매해 가져갑니다.

**특수 카드**

누군가 카드를 구매하고 쌓여 있는 상황 카드에서 한 장을 뒤집었을 때 특수 카드가 나오면 구매한 사람의 다음 차례 사람에게 줍니다. 카드를 받은 사람은 카드에 적혀 있는 행동을 수행합니다, 이때 사용한 특수 카드는 가져갑니다. (다시 사용할 수 없고, 열쇠 점수도 없습니다.)

인권

# 우리의 권리와 책임은 소중해!

아동은 자라는 동안 어른의 도움과 올바른 지도를 받으면서 안전하고 건강하게 지낼 권리가 있습니다. 그러나 아동을 단순히 어른의 보호를 받는 존재로 생각해서는 안 됩니다. 아동도 자신의 생각을 자유롭게 말할 수 있는 권리, 학교에서 배우며 성장할 권리, 안전하게 살아갈 권리 등 다양한 권리를 가진 소중한 존재로 존중받아야 합니다. 나아가 아동은 이런 권리를 누리는 동시에 자신에게 주어진 책임을 이해하고 실천해야 합니다. 아동으로서 권리를 누리고 책임을 지키는 멋진 사회의 구성원이 되어 봅시다.

# 이 챕터의 흐름

국어

**11월의 어린이날**
우리의 권리에 대해 알고 싶어요

도덕 미술

**생존권**
살아가는 데 꼭 필요한 것은?

도덕 국어

**보호권**
우리는 안전한가요?

국어 도덕

**발달권**
잠재 능력을 찾아라!

국어

**참여권**
우리도 할 말이 있어요.

국어 미술

**우리의 아동권리협약**

- 생각 열기
- 탐구하기
- 함께하기

# 11월의 어린이날

## 아동권리협약을 알아봅시다

**1. 지난 어린이날에 무엇을 했는지 글이나 그림으로 표현해 봅시다.**

## 2. 다음 글을 읽고, 아동권리협약에 대해 생각해 봅시다.

우리나라의 어린이날은 언제인가요?

그럼, 11월에도 어린이날이 있다는 사실을 아시나요?

11월 20일은 '세계 어린이의 날'로 어린이의 기본 권리를 인정하고 보호하기 위해 UN에서 제정한 기념일입니다. 또한 이날은 UN에서 '아동권리협약'을 규정한 날이기도 합니다. 아동권리협약은 아동 권리에 관한 세계적인 법으로 전 세계 아동이라면 누구나 마땅히 누려야 할 권리들을 담고 있습니다. 아동으로서 누려야 할 권리가 무엇이 있는지 함께 알아봅시다.

① 아동권리협약에는 어떤 약속이 담겨 있을까요? 어린이가 어린이답게 살아가는 데, 필요하다고 생각하는 약속을 적어 봅시다.

## 우리의 권리와 책임은 소중해!

**3. 아동권리협약에는 네 가지의 기본권과 관련된 협약들이 담겨 있습니다. 네 가지 기본권이 각각 의미하는 내용이 무엇인지 빈칸을 채워 보고, 네 가지 기본권을 단어 퍼즐에서 찾아봅시다.**

네 가지 기본권　생존권　참여권　발달권　보호권

어린이들이 안전하고 건강하게 자랄 권리로, 안전한 집에서 충분한 영양을 섭취하고 적절한 치료를 받을 권리입니다.

차별받지 않고 존중받으며 폭력, 유해한 것으로부터 어린이들이 보호받을 권리입니다.

어린이들이 잠재능력을 최대한 발휘하는 데 필요한 권리로 교육받고 놀 권리입니다.

자신과 관련된 문제에 대해 의견을 말하고 나라와 지역 사회 활동에 적극적으로 참여할 수 있는 권리입니다.

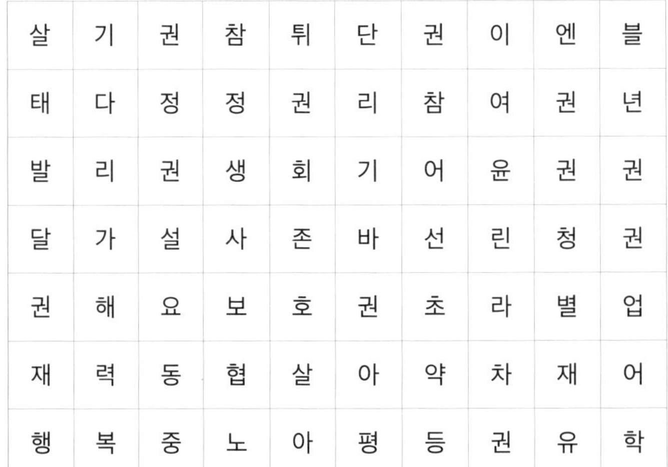

| | | | | | | | | | |
|---|---|---|---|---|---|---|---|---|---|
| 살 | 기 | 권 | 참 | 튀 | 단 | 권 | 이 | 엔 | 블 |
| 태 | 다 | 정 | 정 | 권 | 리 | 참 | 여 | 권 | 년 |
| 발 | 리 | 권 | 생 | 회 | 기 | 어 | 윤 | 권 | 권 |
| 달 | 가 | 설 | 사 | 존 | 바 | 선 | 린 | 청 | 권 |
| 권 | 해 | 요 | 보 | 호 | 권 | 초 | 라 | 별 | 업 |
| 재 | 력 | 동 | 협 | 살 | 아 | 약 | 차 | 재 | 어 |
| 행 | 복 | 중 | 노 | 아 | 평 | 등 | 권 | 유 | 학 |

# 생존권

## 아동이 살기 위해 꼭 필요한 생존권에 대하여 알아봅시다

1. 생존권에는 어떤 내용이 포함되어 있는지 생각해 봅시다.

생 존 권

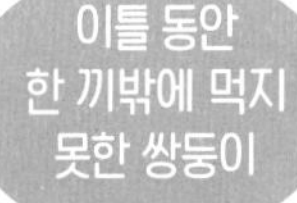


2. 왜 생존권이 아동권리협약의 기본 권리로 포함되었을까요? QR코드를 찍어, 영상을 보며 아이들이 기본적인 삶을 살아가기 위해 꼭 필요한 것이 무엇인지 적어 봅시다.

❶

❷

❸

**3. 부록 활동지에 있는 '아동권리협약'의 내용 중 생존권에 포함될 내용 세 가지를 아래 칸에 붙여 봅시다.**

**4. 아동의 생존권 아코디언 책을 만들어 봅시다. (부록 활동지를 활용합니다.)**

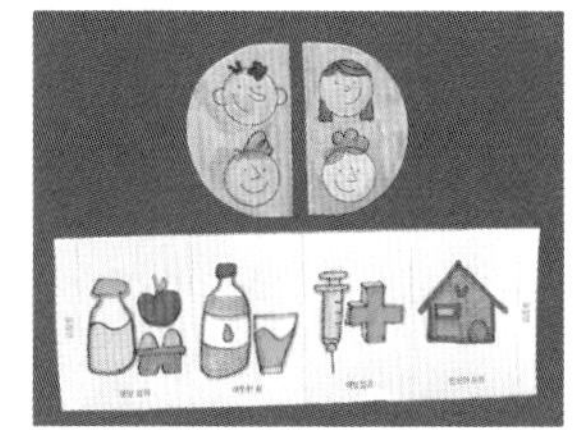

❶ 그림을 그리고 가위로 잘라요.

❷ 표지를 양쪽에 붙여요.

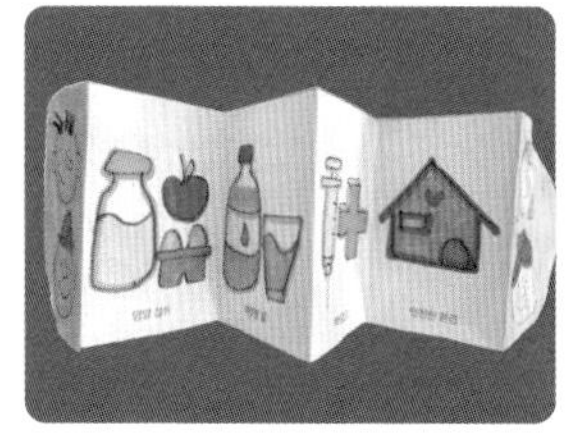

❸ 아코디언 모양으로 접어요.

❹ 우리가 만든 책 완성!

만드는 방법

❶ 부록 활동지에 있는 아코디언 책의 표지를 색칠합니다.
❷ 아동이 생존하는 데 꼭 필요하다고 생각하는 것, 4가지를 책의 속지에 그리고 색칠합니다.
❸ 표지와 책의 속지를 잘라 붙입니다.
❹ 책 속지를 선에 맞추어 접습니다.

# 보호권

## 아동이 행복한 삶을 위한 보호권에 대하여 알아봅시다

**1. QR코드를 찍어 영상을 시청한 후 보호권에는 어떤 내용이 포함되어 있는지 알아봅시다.**

❶ 아동학대와 폭력

❷ 아동노동 착취

❸ 아동 차별과 혐오 표현

❶

❷

❸

**2. 어린이가 건강하고 행복하게 살아가기 위해 어떤 보호를 받아야 하는지 조사하여 적어 봅시다.**

3. 부록 활동지에 있는 아동권리협약의 내용 중 보호권에 포함될 내용 세 가지를 골라 아래 칸에 붙여 봅시다.

4. 〈보기〉에서 아동 보호권과 관련 있는 낱말을 골라 N행시를 지어 봅시다.

보기 아동 학대 방임 차별 폭력 노동 보호 등

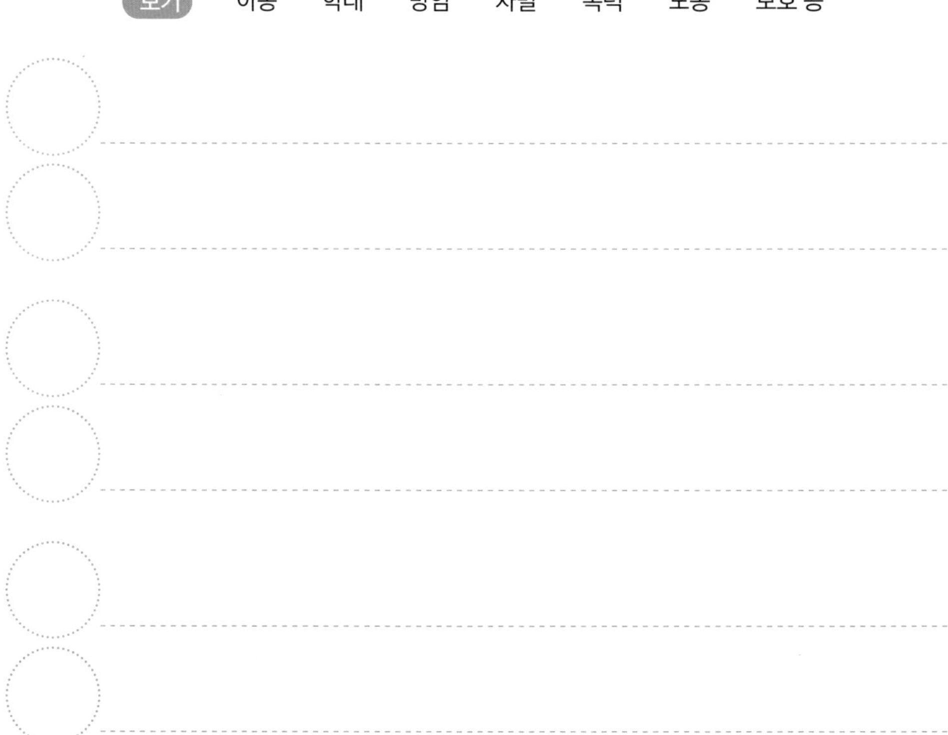

**5. 아동 보호권을 담은 나만의 가랜드를 만들어 봅시다.(부록 활동지를 활용합니다)**

가랜드 문구 예시

**방임과 학대 싫어요.　차별과 폭력 안 돼요.**
**아동 보호권 좋아요.　보호권은 소중해요.**

# 발달권

## 아동의 잠재 능력을 최대한 발휘하는 데 필요한 발달권에 대하여 알아봅시다

**1. 왜 발달권이 아동권리협약의 기본 권리로 포함되었을까요? 다음 글을 읽고 주인공이 어떤 삶을 누리지 못하고 있는지 살펴보고, 세 가지만 적어 봅시다.**

저는 기타 치며 노래하는 걸 너무 좋아하는 키키예요. 세상의 모든 걱정도 기타를 치며 노래를 하는 순간 다 잊고 행복한 기분으로 나를 가득 채울 수 있어요. 저의 행복한 시간을 정말 싫어하는 사람이 있어요. 바로 엄마, 아빠예요. 물론 부모님께서 싫어하시는 이유도 알고 있어요. 바로, 할아버지께서 예전에 유명한 가수셨는데, 할아버지의 재능을 탐낸 다른 동료의 모함으로 인해 일찍 돌아가시고 말았어요.

그래서 저희 할머니는 너무나 힘들게 아빠를 키우셨죠. 이런 이유 때문에 재능이 보이는 제가 혹시라도 가수가 된다고 할까 봐 평소에도 노래나 기타를 치는 걸 정말 싫어하세요. 너무 속상해요. 어떡해야 하죠?

❶

❷

❸

2. 부록 활동지에 있는 아동권리협약의 내용 중 발달권에 포함될 내용 세 가지를 골라 아래 칸에 붙여 봅시다.

3. 다음 아이들의 상황을 읽고, 각 상황 속에서 아이들은 얼마나 존중받고 있다고 느낄지 존중 화살표 위에 표시해 봅시다.

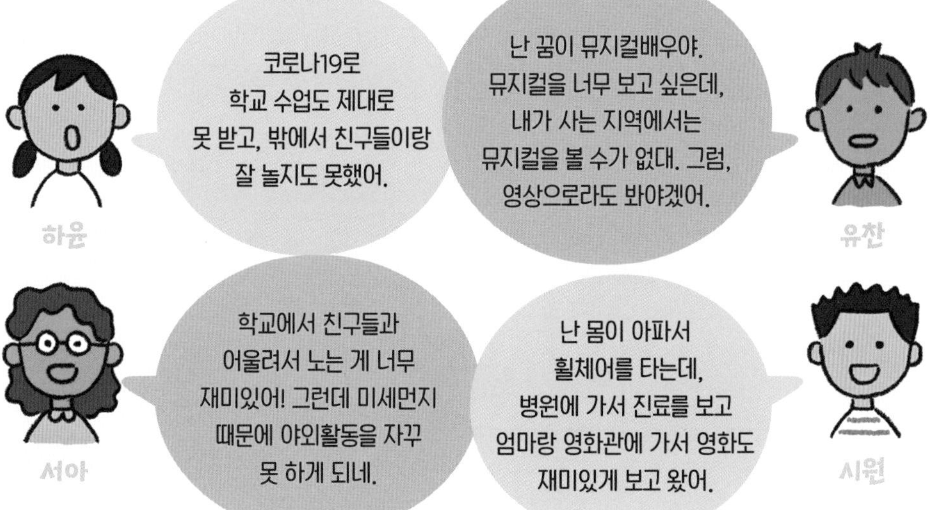

**4. 나의 삶은 발달권이 존중받고 있는지 주제에 맞춰 퍼즐의 빈칸을 완성하고, 아래의 존중 화살표에 내가 위치할 곳을 표시해 봅시다.**

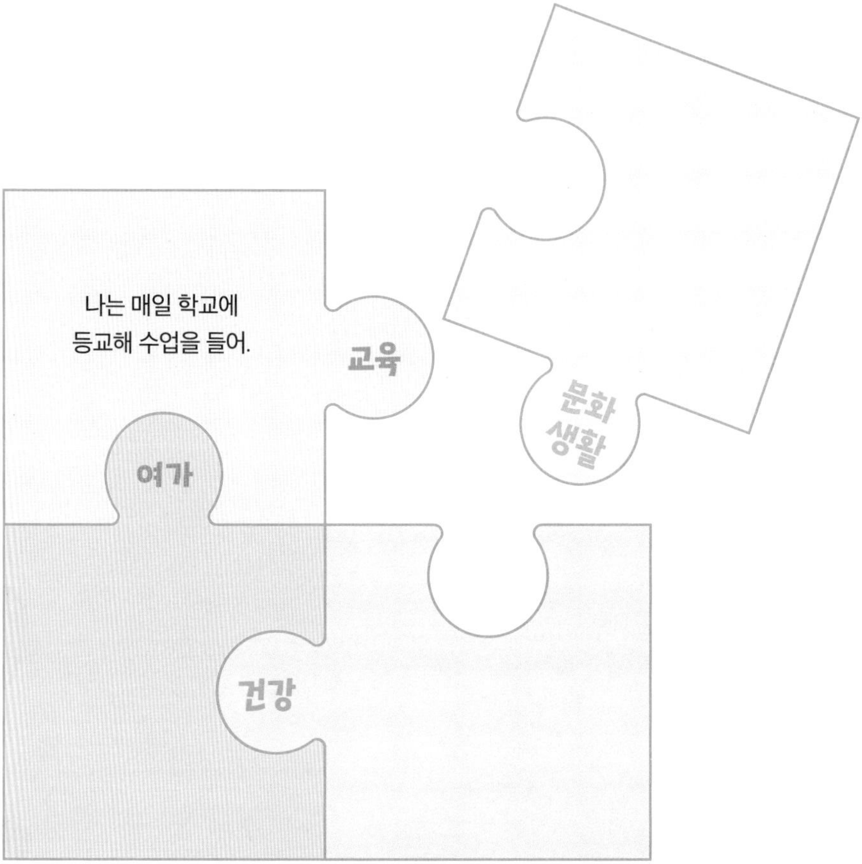

나는 매일 학교에 등교해 수업을 들어.

교육

문화 생활

여가

건강

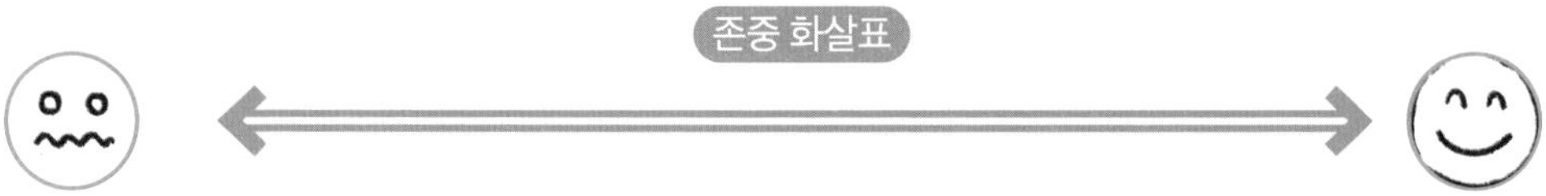

존중 화살표

**5. 발달권의 의미를 확인하고 다 함께 읽어 봅시다.**

**6. 다음 그림 속에서 발달권을 제대로 보장받지 못하는 아이들을 찾아 그 아이에게 필요한 권리를 선으로 이어 선물해 주세요.**

# 참여권

아동이 자신과 관련된 문제에 대해 의견을 말하고 나라와 지역 사회 활동에 적극적으로 참여할 수 있는 참여권에 대하여 알아봅시다

**1. 참여권에는 어떤 내용이 포함되어 있는지 생각해 봅시다.**

참 여 권

**2. 아동의 참여권이 필요한 이유는 무엇일까요? 어린이의 의견이 존중받아야 하는 필요성을 토론해 봅시다.**

디즈니 픽사에서 나온 영화 〈인사이드 아웃〉에서는 '라일리'라는 주인공이 나옵니다. 라일리는 미네소타에서 좋은 친구들과 행복한 시간을 보냈었죠. 그런데 어느 날 갑자기 아빠의 직장 이동으로 인해 라일리는 샌프란시스코로 이사를 가게 됩니다. 부모님은 라일리에게 아무런 상의도 하지 않았습니다.

**3. 부록 활동지에 있는 아동권리협약의 내용 중 참여권에 포함될 내용 세 가지를 골라 아래 칸에 붙여 봅시다.**

| 참 | 여 | 권 |
|---|---|---|

**4. 우리가 속한 학교, 지역, 사회에서 아동의 참여권을 어떻게 존중받고 있는지 생각해 봅시다.**

| 참여권을 존중받은 경험 나누기 | 참여권을 존중받지 못한다고 느낀 경우 |
|---|---|

**5. 학교에는 우리들의 목소리를 내기 위해 자치회를 운영하고 있습니다. 우리 학교의 학생 자치회는 어떤 활동을 하고 있는지 인터뷰해 봅시다.**

**6. 영화 〈인사이드 아웃〉에서는 가족의 의사결정에 아이의 의견은 존중받지 못했습니다. 라일리의 참여권이 존중받는 가상회의 대본을 완성해 봅시다.**

**아빠** : 라일리야, 아빠가 회사에서 다른 지역으로 발령이 났어. 그래서 우리 가족이 이사를 가야 할 것 같아. 라일리의 생각은 어떠니?

**라일리** :

**엄마** : 라일리의 생각은 그렇구나. 라일리가 걱정이 많을 수 있겠구나. 만약 이사를 가지 않는다면 아빠의 회사가 지역이 멀어 어려움이 있단다.

**라일리** :

**아빠** : 너의 의견을 이야기해 줘서 고맙구나. 라일리의 의견도 중요하게 생각하고 있단다.

**7. 아동의 참여권 증진을 위해 아동과 관련된 NGO 기관에서는 어떤 노력을 하고 있는지 알아봅시다.**

| 굿네이버스 | unicef for every child |
|---|---|
| | |
| | |
| | |

**8. 우리 학교 또는 지역에 전달하고 싶은 의견을 모아 알려 봅시다.**

그레타 툰베리는 '기후위기 극복'을 위해 유엔 기후행동 정상회의를 비롯해 세계 곳곳을 다니며 자신의 생각을 알리고 있습니다. 우리도 하고 싶은 중요한 이야기 있을 것입니다. 그 이야기는 무엇이 있을까요?

| 대상 | |
|---|---|
| 알리고 싶은 의견 | |
| 뒷받침 내용 | |

# 우리의 아동권리협약

## 우리만의 아동권리협약을 만들어 봅시다

**1. 다음 내용은 UN에서 지정한 '아동권리협약'입니다. 1989년 11월 20일 만장일치로 채택된 이 협약의 내용을 하나씩 확인한 뒤, 자신이 가장 중요하다고 생각되는 중요 협약 1위부터 3위를 선택하여 봅시다.**

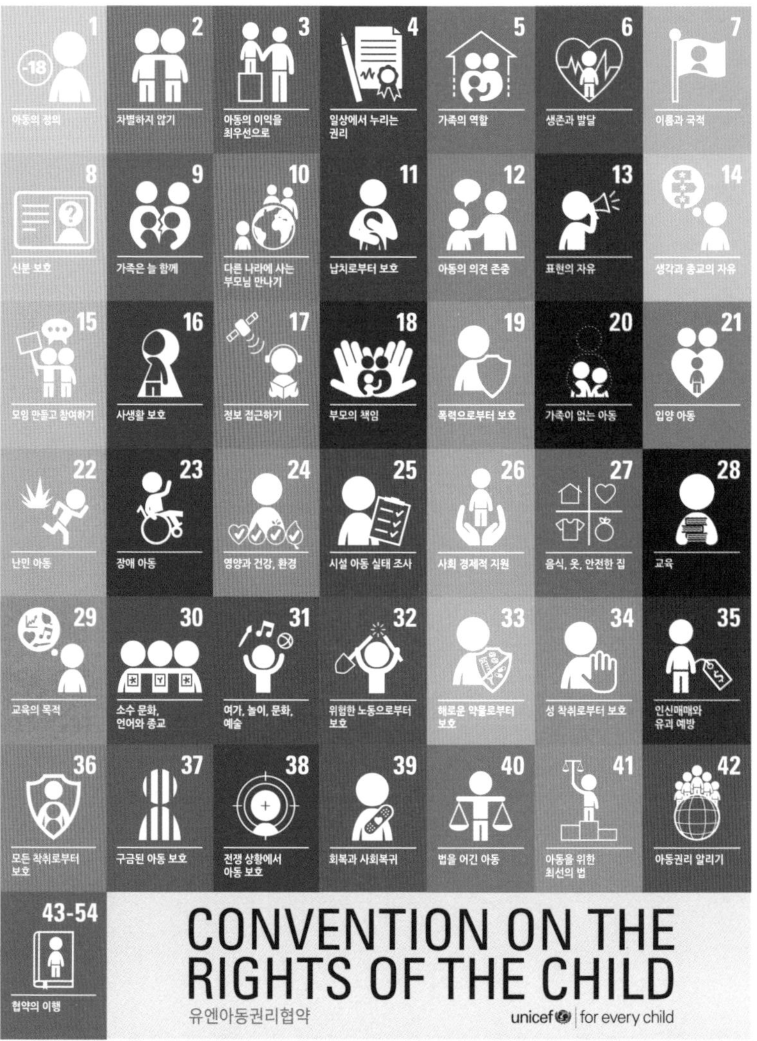


1위

2위

3위

## 2. 우리 반 아동권리협약을 선정해 봅시다.

❶ 짝과 비교해 봅시다.
- 겹치는 것이 없다면? 세 가지 모두 생존!
- 겹치는 것의 순위가 다르다면? 순위가 높은 사람 것이 생존!
- 겹치는 것의 순위가 같다면? 가위바위보 이긴 사람 것만 생존!
- 진사람은 X표시 하기.

❷ 모둠 친구들과 비교해 봅시다.
- 겹치는 것이 없다면? 바로 3번으로 넘어가 주세요.
- 겹치는 것이 있다면? 겹치는 친구들끼리 1번 활동하기.

❸ 최종 모둠 권리를 선정해 봅시다.
- 모둠에서 뽑힌 권리가 우리 모둠원의 수보다 많다면? 많은 모둠원이 선택한 권리부터 선정해 주세요.
  동점이라면, 토의를 통해 결정해 주세요.
- 모둠에서 뽑힌 권리가 우리 모둠원의 수보다 적다면? 지금 모둠에서 협의를 통해 우리 모둠원의 수만큼 권리를 추가로 선택해 주세요.

**권리 정하기 게임이 끝나고 뽑힌 6개의 권리는 무엇인가요?**

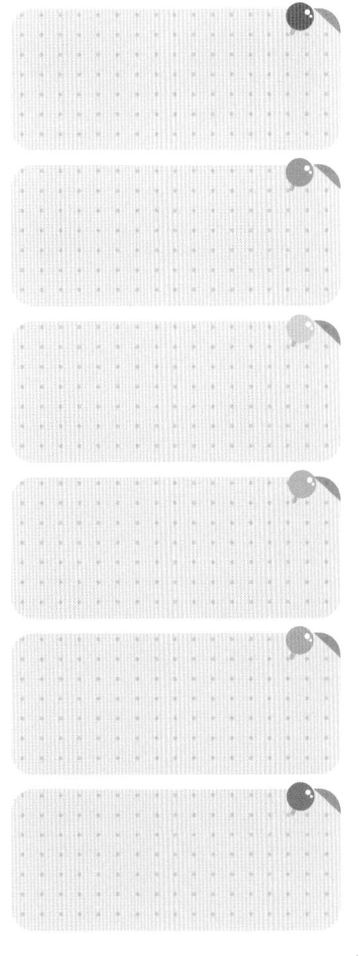

## 3. 내가 최종적으로 선택한 아동권리협약의 번호와 내용은 무엇인가요?

4. 내가 선택한 아동권리협약을 나만의 픽토그램으로 표현한 뒤, 4절지에 모둠원의 픽토그램을 모두 붙여 '모둠아동권리협약'을 만들어 봅시다.

**픽토그램이란?**

언어를 모르는 사람이 보아도 그 의미를 쉽게 알 수 있도록 만들어진 그림 문자입니다. 대표적인 픽토그램은 비상구 표시나 화장실 표시가 있습니다.

**내가 선택한 아동권리협약**

글, 그림 등의 방법을 활용하여 수업에서 배운 내용을 정리해 봅시다.

# 참고 자료 및 사진 출처

## 참고 자료


12쪽 • **소가 먹기만 해도 메탄가스를 줄이는 캡슐이 있다!**

소가 먹기만 해도 메탄가스 60% '뚝'… 브라질이 택한 韓 스타트업, 〈조선비즈〉, 2024.06.10

31쪽 • **에코백·텀블러·종이 빨대에 숨겨진 이야기, '친(親)환경? 반(反)환경?**

환경도 돈으로 살 수 있나요? 도둑맞은 '친환경', 〈이대학보〉, 2022.03.19

종이 빨대는 지구를 구할 수 있을까? 그린 워싱!, 〈테크 42〉, 2022.02.11

77쪽 • **우크라이나 학생들 졸업 사진**

'그래도 삶은 계속 된다' 우크라이나의 특별한 졸업 사진,〈동아일보〉, 2022.06.14

95쪽 • **폐렴으로 사망하는 5세 미만 아동**

예방 접종을 하지 못해 폐렴과 소아마비로 고통받고 있는 어린이들. 유니세프(www.unicef.or.kr), 2017.09.06

104쪽 • **병원 접근성 격차로 농·어촌에 사는 사람들이 겪는 불편함**

의료 인프라 열악한 농촌에 '왕진버스' 달린다…年 6만 명 혜택, 〈신아일보〉, 2024.04.18

105쪽 • **우리나라가 병원 접근성 격차를 줄이기 위해 실시한 방법은?**

"곳곳 찾아가 건강 살펴요"… 농촌 왕진 버스 출발, 〈YTN〉, 2024.04.19

105쪽 • **병원까지 가기 더 힘든 나라들도 있다고? 다른 나라 상황은 어떨까?**

남아공의 희망의 열차, 〈EBS 뉴스G〉, 2017.07.14

**사진 출처**

28쪽 • **UN기후변화협약 로고**©UN기후변화협약(https://unfccc.int)

32쪽 • **온실가스를 줄이기 위해 내가 할 수 있는 일을 알아보아요.**©기후행동 1.5도씨 어플리케이션, 교육부

51쪽 • **안젤리나 졸리**©내셔널지오그래픽 인스타그램(@natgeo)

53쪽 • **세계 벌의 날 포스터**©유엔식량농업기구, FAO(www.fao.org)

55쪽 • **판다 사진 2**©Colegota Hipposcrashed, 위키피디아(commons.wikimedia.org)

77쪽 • **우크라이나 학생들 졸업 사진**©Stanislav Senyk(www.instagram.com/senykstas)

102쪽 • **병원 밀집도 통계지도**©통계청, 통계지리서비스(www.sgis.kostat.go.kr) 캡처

105쪽 • **헬로페파 병원 열차**©Bob Adams, 위키피디아(commons.wikimedia.org)

122쪽 • **〈인사이드 아웃〉 영화 포스터**©월트디즈니컴퍼니코리아(주)

125쪽 • **굿네이버스 로고**©굿네이버스(www.goodneighbors.kr)

125쪽 • **유니세프 로고**©사단법인 유니세프 한국위원회(www.unicef.or.kr)

126·163쪽 • **UN 아동권리협약**©사단법인 유니세프 한국위원회

# 선생님을 위한 가이드

# 지구를 지키는 여행

### 1. 흐름

이 챕터의 각 차시는 4컷 만화로 수업의 흐름이 시작됩니다. 각 차시의 만화에 등장하는 다양한 메탄 캐릭터를 통해 메탄가스의 원인과 지구에 어떤 영향을 주는지 나타내고자 하였습니다. 온실가스 발생의 문제점을 만화를 통해 이해하고 온실가스를 줄이기 위한 다양한 실천 방안을 모색합니다. 탄이들이 함께하는 여정을 담은 4컷 만화처럼 학생들은 지구를 지키는 공정여행의 여정을 담는 활동으로 이 챕터를 마무리합니다.

### 2. 유의점 및 활용 자료

| 차시 | 수업의 유의점 | 참고 자료 |
|---|---|---|
| 1 | • 그래프를 보며 가축에 의한 온실가스 배출량의 정확한 숫자와 단위에 집중하기보다는, 가축에 의한 온실가스 배출량이 많음을 이해할 수 있도록 합니다.<br>• 닭, 돼지, 소 이외의 다른 가축들도 온실가스를 배출한다는 사실에 대한 안내가 필요합니다.<br>• 11쪽 3번 문제는 양, 젖소 등 식용 가축 동물들을 떠올릴 수 있도록 유도가 필요합니다. | |
| 2 | • 그래프를 보며 온실가스 배출량의 정확한 숫자와 단위에 집중하기보다는, 수송 분야의 온실가스 배출량이 많음을 이해할 수 있도록 합니다. | |
| 3-4 | • 스톱모션을 만드는 다양한 어플을 활용하거나 핸드폰 기본 기능으로도 충분히 만들 수 있습니다.<br>• 스톱모션 만드는 방법 검색을 통해 쉽게 안내 영상을 찾을 수 있습니다. | |
| 6 | • 활동할 때, 한 모둠에 4명으로 생각하면 좋습니다. | |

## 3. 차시 흐름 및 성취기준

| 차시 | 과목 | 성취기준 | 학습 내용 |
|---|---|---|---|
| 1 | 국어<br>수학 | [4국02-02] 문단과 글에서 중심 생각을 파악하고 내용을 간추린다.<br>[4수04-01] 자료를 수집하여 그림그래프나 막대그래프로 나타내고 해석할 수 있다.<br>[4수04-03] 탐구 문제를 해결하기 위해 자료를 수집, 정리하여 막대그래프나 꺾은선그래프로 나타내고 해석할 수 있다. | 안녕!<br>소탄아,<br>밥탄아 |
| 2 | 국어<br>수학 | [4국02-02] 문단과 글에서 중심 생각을 파악하고 내용을 간추린다.<br>[4국06-01] 인터넷에서 학습에 필요한 다양한 자료를 탐색하고 목적에 맞게 자료를 선택한다.<br>[4수04-03] 탐구 문제를 해결하기 위해 자료를 수집, 정리하여 막대그래프나 꺾은선그래프로 나타내고 해석할 수 있다. | 도시의<br>탄이들 |
| 3-4 | 과학<br>미술 | [4과16-01] 기후 변화 현상의 예를 알고, 기후 변화가 인간의 활동과 관련되어 있음을 토의할 수 있다.<br>[4과16-02] 기후 변화의 심각성에 관심을 가지고, 기후 변화가 우리 생활과 환경에 미치는 영향을 설명할 수 있다.<br>[4미02-04] 표현 의도를 가지고 작품을 제작하며 자기 작품을 소중히 여길 수 있다.<br>[4미02-05] 미술과 타 교과를 관련지어 주제를 표현하는 데 흥미를 느낄 수 있다. | 탄이들이<br>모이면,<br>지구에<br>무슨 일이? |
| 5 | 국어<br>과학 | [4국03-03] 대상에 대한 자신의 의견과 그렇게 생각한 이유가 드러나게 글을 쓴다.<br>[4과16-02] 기후 변화의 심각성에 관심을 가지고, 기후 변화가 우리 생활과 환경에 미치는 영향을 설명할 수 있다. | 잡았다!<br>탄이! |
| 6 | 과학<br>도덕 | [4과16-02] 기후 변화의 심각성에 관심을 가지고, 기후 변화가 우리 생활과 환경에 미치는 영향을 설명할 수 있다.<br>[4과16-01] 기후 변화 현상의 예를 알고, 기후 변화가 인간의 활동과 관련되어 있음을 토의할 수 있다.<br>[4도04-02] 인간과 자연이 함께 살아야 하는 이유를 이해하고 공생을 위한 구체적인 실천 계획을 세우며 생태 감수성을 기른다. | UN 회의에<br>참석해 봐요 |
| 7 | 국어<br>도덕<br>과학 | [4국03-03] 대상에 대한 자신의 의견과 그렇게 생각한 이유가 드러나게 글을 쓴다.<br>[4도04-02] 인간과 자연이 함께 살아야 하는 이유를 이해하고 공생을 위한 구체적인 실천 계획을 세우며 생태 감수성을 기른다.<br>[4과16-03] 기후 변화 대응 방법을 조사하고, 생활 속에서 기후 변화 대응 방법을 실천할 수 있다. | '지구 살리기'<br>실천 다짐하기 |
| 8-9 | 국어<br>도덕<br>과학 | [4국06-01] 인터넷에서 학습에 필요한 다양한 자료를 탐색하고 목적에 맞게 자료를 선택한다.<br>[4도04-02] 인간과 자연이 함께 살아야 하는 이유를 이해하고 공생을 위한 구체적인 실천 계획을 세우며 생태 감수성을 기른다.<br>[4과16-03] 기후 변화 대응 방법을 조사하고, 생활 속에서 기후 변화 대응 방법을 실천할 수 있다. | 탄소 중립 여행<br>가이드북<br>만들기 |

# 우리를 지켜 주세요

## 1. 흐름

이 챕터에서는 학생들에게 너무 익숙해서 멸종 위기 동물이라고 생각하지 못했던 동물들을 중심으로 흐름이 전개됩니다. 우리 주변에서 흔히 볼 수 있는 '벌'과 최근 큰 사랑을 받고 있는 '판다' 그리고 학생들이 바닷속을 그릴 때 자주 등장하는 '산호초'에 대한 4컷 영상을 보며 문제 상황을 인식하고 해당 동물들이 없어진다면 어떻게 될지 생각해 봅니다. 이를 통해 멸종 위기 동물에 대한 경각심을 갖도록 합니다. 마지막 차시에는 모둠 친구들과 멸종 위기 동물 중 하나를 선택하여 4컷 영상을 만들며 수업을 마무리합니다.

## 2. 유의점 및 활용 자료

| 차시 | 수업의 유의점 | 참고 자료 |
|---|---|---|
| 1-2 | • 동물들을 따라 그려 보며 다양한 환경에서 다양한 동물들이 살아가고 있음을 느낄 수 있도록 합니다.<br>〈준비물: 기름종이〉 | |
| 3-4 | • 산호초 4컷 영상을 통해 산호초의 멸종 위기 상황을 잘 이해하고, 산호초가 해양 생물과 인간에게 도움을 주는 생물임을 공감하는 활동이 되어야 합니다.<br>〈답안〉<br>1. X, O, O, O, O<br>2. 서식처, 먹이, 정화, 이산화탄소, 산소, 태풍 | 지구 온난화로 인한 산호초의 백화 현상 유튜브 영상 |
| 5-6 | • 벌 4컷 영상을 통해 벌의 멸종 위기 상황을 알고, 벌이 생태계 보호 및 인간의 삶에 중요한 역할을 맡고 있음을 깨달을 수 있도록 유도해야 합니다.<br>〈답안〉<br>4. 좌측 상단부터 우측 하단까지 순서대로 4 3 6 5 2 1 | 세계 벌의 날 |
| 7 | • 판다가 인간의 도움으로 멸종 위기종에서 취약종으로 분류되었듯이 전 세계가 멸종 위기종을 해결하려는 노력과 마음가짐이 필요합니다.<br>〈답안〉<br>3. 100-150, 16, 흰(하얀), 40, 검은, 30, 4, 대나무, 독립, 번식, 중국 | |
| 8-9 | • 4컷 영상 만들기 활동 시 멸종 위기종이 처한 상황 제시와 함께 인간의 노력으로 멸종 위기에서 벗어날 수 있는 내용을 담을 수 있도록 안내해야 합니다. | 키네마스터 : 모둠 4컷 만화를 디지털기기 카메라로 찍어 영상 만들 때 도움이 될 앱 |

### 3. 차시 흐름 및 성취기준

| 차시 | 과목 | 성취기준 | 학습 내용 |
| --- | --- | --- | --- |
| 1-2 | 미술 | [4미01-02] 주변 대상을 체험하며 떠오른 느낌과 생각을 다양한 방법으로 나타낼 수 있다.<br>[4미02-05] 미술과 타 교과를 관련지어 주제를 표현하는 데 흥미를 느낄 수 있다. | 내가 생각하는 아름다운 생태계 |
| 3-4 | 과학 | [4과14-03] 인간 활동이 생태계에 미치는 영향을 조사하고, 생태계 보전을 위해 우리가 할 수 있는 일을 토의하여 실천할 수 있다.<br>[4과16-02] 기후 변화의 심각성에 관심을 가지고, 기후 변화가 우리 생활과 환경에 미치는 영향을 설명할 수 있다. | 산호초 이야기 |
| 5-6 | 국어<br>미술 | [4국02-04] 글에 나타난 사실과 의견을 구분하고 글쓴이와 자신의 의견을 비교한다.<br>[4미02-01] 관찰과 상상으로 아이디어를 떠올려 표현 주제를 구체화할 수 있다.<br>[4미02-05] 미술과 타 교과를 관련지어 주제를 표현하는 데 흥미를 느낄 수 있다. | 벌 이야기 |
| 7 | 국어<br>과학 | [4국03-03] 대상에 대한 자신의 의견과 그렇게 생각한 이유가 드러나게 글을 쓴다.<br>[4과02-02] 다양한 환경에 서식하는 동물을 조사하여 동물의 생김새와 생활 방식이 환경과 관련되어 있음을 설명할 수 있다.<br>[4과14-03] 인간 활동이 생태계에 미치는 영향을 조사하고, 생태계 보전을 위해 우리가 할 수 있는 일을 토의하여 실천할 수 있다. | 판다 이야기 |
| 8-9 | 국어<br>미술 | [4국03-04] 목적과 주제를 고려하여 독자에게 마음을 전하는 글을 쓴다.<br>[4국04-03] 기본적인 문장의 짜임을 이해하고 적절하게 사용한다.<br>[4국06-01] 인터넷에서 학습에 필요한 다양한 자료를 탐색하고 목적에 맞게 자료를 선택한다.<br>[4미02-04] 표현 의도를 가지고 작품을 제작하며 자기 작품을 소중히 여길 수 있다. | 평화로운 생태 환경 만들기 |

# 이반의 일기

## 1. 흐름

이 챕터는 전쟁이 일어난 나라에 사는 '이반'이라는 주인공의 그림일기를 중심으로 흐름이 전개됩니다. 이반은 전쟁 속에서 평범한 삶을 살아가고 있습니다. 나와 비슷한 또래의 이반이 전쟁 중 경험하는 일들을 일기 속에 담담하게 풀어 가는 것을 통해 일상 속으로 침투한 전쟁이 주는 피해를 살펴보고, 이에 대해 생각해 볼 수 있도록 구성하였습니다. 이 챕터의 마지막에는 이반의 일기에서 벗어나 실제 세계에서 벌어지고 있는 전쟁에 대해 알아보고, 실질적으로 전쟁의 피해를 막고 도와줄 방법을 생각해 보는 것으로 마무리합니다.

## 2. 유의점 및 활용 자료

| 차시 | 수업의 유의점 | 참고 자료 |
|---|---|---|
| 1 | • 나의 일기와 이반의 일기를 비교해 보고, 이반이 처해 있는 상황을 진지한 자세로 이해해야 합니다. | |
| 2 | • 가상 희망 일기 쓰기는 주인공이 어떤 하루를 희망했을지 공감하며 써 보는 활동으로 진행되어야 합니다. | |
| 3 | • 불안하고 두려워하는 친구에 공감하고 위로하는 주인공의 마음을 이해하도록 합니다. | |
| 4 | • 일기의 장면과 어울리는 배경 음악을 찾고, 노래 가사가 있다면 가사가 분위기와 잘 어울리는지 살펴야 합니다. | |
| 5 | • 일기에 등장하는 인물들의 감정이 드러난 이모티콘을 만들도록 유도합니다. | |
| 7 | • 이반에게 보내주고 싶은 구호 물품을 제시된 보기 외에도 떠올려 볼 수 있도록 유도해야 합니다. | 구호 물품<br>뉴스 영상 |
| 8-9 | • 4번 활동 시 전쟁으로 인한 참혹한 상황을 전 세계에 알리고 도움을 주는 단체, 개인, 언론을 포함해도 좋습니다. | |

### 3. 차시 흐름 및 성취기준

| 차시 | 과목 | 성취기준 | 학습 내용 |
|---|---|---|---|
| 1 | 국어 | [4국06-01] 인터넷에서 학습에 필요한 다양한 자료를 탐색하고 목적에 맞게 자료를 선택한다.<br>[4국05-01] 인물과 이야기의 흐름을 중심으로 작품을 감상한다.<br>[4국05-02] 자신의 경험을 바탕으로 작품 속 세계와 현실 세계를 비교하여 작품을 감상한다. | 일기의 이야기 예측하기 |
| 2 | 도덕<br>국어 | [4도02-03] 공감의 태도가 필요한 이유를 이해하고 도덕적 상상력을 바탕으로 대상과 상황에 따라 감정을 나누는 방법을 탐구하여 실천한다.<br>[4국03-04] 목적과 주제를 고려하여 독자에게 마음을 전하는 글을 쓴다. | 가상 희망 일기 쓰기 |
| 3 | 도덕<br>미술 | [4도02-03] 공감의 태도가 필요한 이유를 이해하고 도덕적 상상력을 바탕으로 대상과 상황에 따라 감정을 나누는 방법을 탐구하여 실천한다.<br>[4미02-02] 기본적인 표현 재료와 용구의 특성을 이해하고 사용 방법을 익힐 수 있다. | 점과 선으로 감정 표현하기 |
| 4 | 음악<br>국어 | [4음02-03] 다양한 종류의 음악을 듣고 음악의 분위기를 묘사하거나 쓰임을 이야기한다.<br>[4국05-01] 인물과 이야기의 흐름을 중심으로 작품을 감상한다. | 글과 어울리는 배경 음악 찾기 |
| 5 | 도덕<br>미술 | [4도02-03] 공감의 태도가 필요한 이유를 이해하고 도덕적 상상력을 바탕으로 대상과 상황에 따라 감정을 나누는 방법을 탐구하여 실천한다.<br>[4미02-01] 관찰과 상상으로 아이디어를 떠올려 표현 주제를 구체화할 수 있다. | 감정 이모티콘 만들기 |
| 6 | 국어<br>도덕<br>미술 | [4국03-04] 목적과 주제를 고려하여 독자에게 마음을 전하는 글을 쓴다.<br>[4도02-03] 공감의 태도가 필요한 이유를 이해하고 도덕적 상상력을 바탕으로 대상과 상황에 따라 감정을 나누는 방법을 탐구하여 실천한다.<br>[4미01-02] 주변 대상을 체험하며 떠오른 느낌과 생각을 다양한 방법으로 나타낼 수 있다. | 시선을 바꾸어 그리기 |
| 7 | 국어<br>도덕 | [4국03-04] 목적과 주제를 고려하여 독자에게 마음을 전하는 글을 쓴다.<br>[4도04-01] 생명 경시 사례를 조사하고 문제 해결 방법을 탐구함으로써 생명의 소중함을 이해한다. | 마음을 표현한 편지 쓰기 |
| 8-9 | 국어<br>도덕 | [4국06-01] 인터넷에서 학습에 필요한 다양한 자료를 탐색하고 목적에 맞게 자료를 선택한다.<br>[4도01-04] 다른 사람의 관점을 수용할 수 있는지를 도덕적으로 검토하고 도덕규범을 내면화하여 도덕적 행동을 지향하는 자세를 기른다. | 지구촌의 고통받는 어린이들에게 |

# 건강을 지켜 주는 열쇠를 찾아라

## 1. 흐름

이 챕터는 A 국가와 B 국가를 비교하는 만화로 각 차시 활동을 시작하도록 구성하였습니다. 의료보험은 나라별로 상이하게 구성되어 있는데, 이를 비교하는 만화를 통해 우리나라의 의료보험제도를 자연스럽게 알 수 있도록 구성했습니다. 다른 국가에 비해 잘 구성된 한국의 의료보험제도를 비교 만화를 통해 알고, 마지막에는 이런 우수한 제도 속에 들어있는 문제점에 대해서도 한 번쯤 생각해 보는 시간을 가질 수 있도록 하였습니다. 모든 제도에는 양면성이 있듯 우수한 측면에는 감사함을 느끼고, 부족한 측면은 어떻게 극복할 수 있는지 다른 나라의 사례들을 통해 알아보도록 하였습니다.

## 2. 유의점 및 활용 자료

| 차시 | 수업의 유의점 | 참고 자료 |
|---|---|---|
| 1 | • 건강한 삶에는 정신 건강, 신체 건강이 모두 함의되어 있으며, 질병에는 선천적, 후천적 질환이 있음을 이해해야 합니다. | 멘티미터 |
| 2 | • 2번에 제시된 소아과 영수증은 1회 방문 진료에 해당되는 금액이며 진료 상황에 따라 금액은 상이할 수 있음을 지도합니다 | |
| 3 | • 최근 병원에 방문한 적이 있는 학생은 세부 내역이 나온 영수증을 미리 준비해 봐도 좋습니다.<br>• 3번 활동 시 대표적인 백신, 대상 감염병을 조사하여 작성하도록 합니다. | 질병관리청 사이트 |
| 4 | • 우리나라의 우수한 의료 시스템 중 하나인 학생건강검진(학교건강검사)제도의 가치를 깨닫는 활동이 되어야 합니다. | |
| 5-6 | • 전국에서 병원이 많은 지역(시/도 단위)을 찾아보고, 내가 살고 있는 지역을 찾아보며 넓은 범위에서 점차 내가 살고 있는 지역으로 좁혀 나갈 수 있도록 합니다. | 통계지리정보 서비스 홈페이지 |
| 7-8 | • 게임을 할 때 상황 카드에 그려진 해결 코인의 개수만 보는 것이 아니라 어떤 상황인지 읽고 충분히 이해하도록 강조합니다. | |

## 3. 차시 흐름 및 성취기준

| 차시 | 과목 | 성취기준 | 학습 내용 |
|---|---|---|---|
| 1 | 국어 | [4국03-04] 목적과 주제를 고려하여 독자에게 마음을 전하는 글을 쓴다. | 건강하게 살기 위해 |
| 2 | 국어 | [4국02-02] 문단과 글에서 중심 생각을 파악하고 내용을 간추린다.<br>[4국03-03] 대상에 대한 자신의 의견과 그렇게 생각한 이유가 드러나게 글을 쓴다. | 진료 비용이 이렇게 다르다고? |
| 3 | 국어 | [4국06-01] 인터넷에서 학습에 필요한 다양한 자료를 탐색하고 목적에 맞게 자료를 선택한다. | 예방 접종은 꼭 필요해요! |
| 4 | 국어<br>도덕 | [4국03-04] 목적과 주제를 고려하여 독자에게 마음을 전하는 글을 쓴다.<br>[4국01-02] 원인과 결과의 관계를 고려하여 내용을 예측하며 듣고 말한다.<br>[4도04-01] 생명경시 사례를 조사하고 문제해결 방법을 탐구함으로써 생명의 소중함을 이해한다. | 건강검진을 하는 이유는? |
| 5-6 | 국어 | [4국03-03] 대상에 대한 자신의 의견과 그렇게 생각한 이유가 드러나게 글을 쓴다.<br>[4국03-05] 쓴 글을 함께 읽고 문장과 문단을 중심으로 고쳐 쓰며, 자신감 있게 글을 쓰는 태도를 기른다.<br>[4국02-01] 글의 의미를 파악하며 유창하게 글을 읽는다. | 지역마다 병원 개수가 다르다고? |
| 7-8 | 도덕 | [4도04-01] 생명경시 사례를 조사하고 문제해결 방법을 탐구함으로써 생명의 소중함을 이해한다. | 건강 열쇠를 찾아서 |

# 우리의 권리와 책임은 소중해

## 1. 흐름

'UN아동권리협약'에 따르면 아동은 크게 네 가지 기본권을 갖고 있습니다. 아동은 성인이 되어가는 미성숙한 존재가 아니라 아동 자체로도 존중받을 소중한 생명이라는 점을 중점으로 놓고 우리 일상에서 각각의 기본권을 존중받고 있는지 확인해 보는 수업으로 구성하였습니다. 단어 자체가 학생들에게는 다소 어려울 수 있는 용어이기 때문에, 영상 QR코드 혹은 교재에 소개한 영화를 직접 관람 함으로써 매체를 통해 대신 느껴 보는 방식을 활용하여 수업을 진행합니다. 가상 현실과 실제 현실에서 아동의 기본권이 잘 지켜지는지, 그렇지 않다면 어떻게 행동해야 잘 지킬 수 있는 것인지를 계속해 탐구하는 활동을 합니다.

## 2. 유의점 및 활용 자료

| 차시 | 수업의 유의점 | 참고 자료 |
|---|---|---|
| 1 | • UN에서 제정한 '세계 어린이의 날'과 제목을 연관 지어 11월에도 어린이날이 있다는 것에 이야기를 나누며 동기유발로 활용합니다.<br>• 2-①은 학생들의 자유로운 의견을 수용합니다. | |
| 2-3 | • 3번 활동의 아코디언 북 속의 내용은 자유롭게 작성해 봅니다. 예시를 참고하여 따라 그려도 좋습니다. | |
| 4-5 | • 5번의 가랜드를 만들어 교실에 게시하여 활용합니다. 학교에 게시하여 캠페인 활동과 연결 지어도 좋습니다.<br>〈준비물 : 펀치, 리본 끈〉 | |
| 6-7 | • 1번. 키키는 엄마, 아빠, 할머니에 의해 좋아하는 노래를 부르지 못하고, 기타도 치지 못합니다. 더 나아가 가수가 되길 바라는 마음 또한 통제를 받고 있습니다. 이는 아동의 발달권을 존중하지 못하는 모습입니다.<br>• 4번 활동의 감정 화살표는 정답이 없습니다. 아이들이 느끼는 감정을 자유롭게 나눠볼 수 있도록 합니다. | |
| 8-9 | • 참여권과 학생 자치회를 연결하여 우리의 생각과 의견을 표현하는 것에 대한 중요성을 알고 적극적으로 참여할 수 있도록 독려합니다.<br>• 6번 활동을 하며 자유롭게 대본을 작성해 봅니다. 하지만 참여권을 존중받는 것이 아동의 의견을 무조건적으로 반영하는 것은 아님을 알도록 합니다. | |
| 10 | • 2번 활동에서 정한 우리 반 아동권리협약은 책에 적어 보는 것으로 끝내지 않고 교실 안에서 실천할 수 있도록 게시하고 일상에서 소중한 권리를 지켜나가도록 합니다. | |

### 3. 차시 흐름 및 성취기준

| 차시 | 과목 | 성취기준 | 학습 내용 |
|---|---|---|---|
| 1 | 국어 | [4국02-02] 문단과 글에서 중심 생각을 파악하고 내용을 간추린다. | 11월의 어린이날<br>우리의 권리에 대해 알고 싶어요 |
| 2-3 | 미술<br>도덕 | [4미01-02] 주변 대상을 체험하며 떠오른 느낌과 생각을 다양한 방법으로 나타낼 수 있다.<br>[4미02-01] 관찰과 상상으로 아이디어를 떠올려 표현 주제를 구체화할 수 있다.<br>[4도01-01] 자신의 감정을 소중히 여기며 존중하는 태도를 바탕으로 내가 누구인가를 탐구한다. | 생존권<br>살아가는 데 꼭 필요한 것은? |
| 4-5 | 국어<br>도덕 | [4국06-01] 인터넷에서 학습에 필요한 다양한 자료를 탐색하고 목적에 맞게 자료를 선택한다.<br>[4도01-01] 자신의 감정을 소중히 여기며 존중하는 태도를 바탕으로 내가 누구인가를 탐구한다. | 보호권<br>우리는 안전한가요? |
| 6-7 | 도덕<br>국어 | [4도01-01] 자신의 감정을 소중히 여기며 존중하는 태도를 바탕으로 내가 누구인가를 탐구한다.<br>[4국01-01] 중요한 내용과 주제를 파악하며 듣고 들은 내용을 요약한다. | 발달권<br>잠재 능력을 찾아라! |
| 8-9 | 국어 | [4국03-02] 사실에 근거한 정확한 표현으로 절차와 결과가 드러나게 보고하는 글을 쓴다.<br>[4국03-05] 쓴 글을 함께 읽고 문장과 문단을 중심으로 고쳐 쓰며, 자신감 있게 글을 쓰는 태도를 기른다.<br>[4국06-01] 인터넷에서 학습에 필요한 다양한 자료를 탐색하고 목적에 맞게 자료를 선택한다. | 참여권<br>우리도 할 말이 있어요 |
| 10 | 국어<br>미술 | [4국01-04] 상황과 상대의 입장을 이해하고 예의를 지키며 대화한다.<br>[4미02-04] 표현 의도를 가지고 작품을 제작하며 자기 작품을 소중히 여길 수 있다.<br>[4미03-02] 미술 작품의 특징과 작품에 관한 자신의 느낌과 생각을 설명할 수 있다. | 우리의 아동권리협약 |

# 활동지

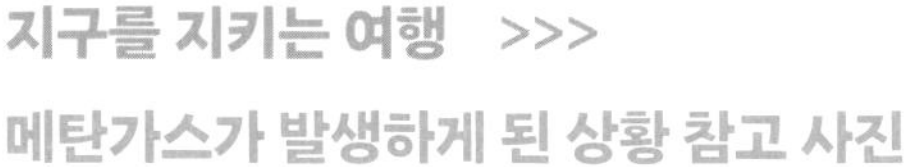

## 지구를 지키는 여행 >>>
## 메탄가스가 발생하게 된 상황 참고 사진

024쪽

**1**

여기는 다양한 산호들과 물고기들이 살고 있는 산호 마을이야. 아주 오래전에 만들어진 이 마을에서 우리 가족들과 많은 산호 친구가 함께 살고 있어.
여기 붉은 산호는 나의 엄마야.
여기 분홍 산호는 나의 아빠지.
저기 주황 산호, 보라 산호는 나의 할머니, 할아버지야.

**2**

우리 산호 마을에는 산호들만 살고 있지 않아. 우리 산호들은 정말 많은 물고기에게 안식처를 제공하면서 함께 사이좋게 살고 있지.
저기 멀리 고래들과 바다거북들도 보이지?
매일 매일 다양한 물고기와 산호들이 함께 살아가며 나는 하루하루가 정말 즐겁고 행복해.

3

평화롭던 우리 마을에 요즘 문제가 생겼어. 바닷물이 조금씩 뜨거워지고 있지 뭐야. 바닷물 온도가 높아지면 우리는 영양분을 먹기 힘들어지고 산호 친구들이 하나둘 색을 잃어.

4

계속 이렇게 바닷물 온도가 높아지면 하얗게 변한 우리는 곧 죽게 될 거야. 그리고 우리와 함께 살아가던 물고기들도 살 곳이 사라지겠지.

1

꽃밭에 꿀벌들이 날아다니고 있어. 꿀벌은 꽃에 앉아 꿀을 수집해.

2

꿀벌은 또 다른 꽃으로 이동하면서 꽃가루를 옮기는 수분 작업도 해. 한 꽃에서 다른 꽃으로 꽃가루를 옮기는 꿀벌의 수분 작업은 식물들이 열매를 맺을 수 있게 해 줘.

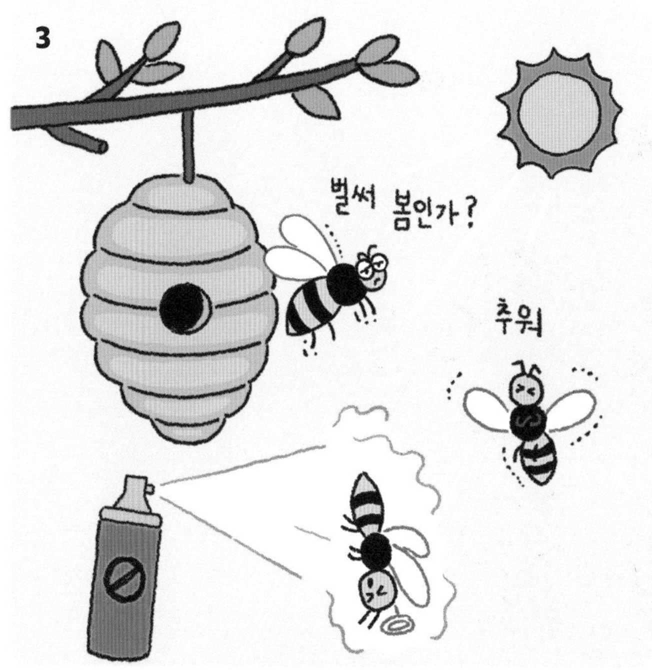


꿀벌도 곰처럼 겨울잠을 자고 봄이 되면 다시 활동을 하지. 하지만 최근에는 지구 온난화 때문에, 겨울인데도 봄이 온 걸로 착각하고 활동을 시작했어. 그러다 갑자기 낮아지는 온도에 벌이 얼어 죽기도 했어. 또한 농약 살충제로 인해 꿀벌이 방향 감각을 상실하고 비행 능력이 저하되는 현상도 나타났지.

꿀벌이 사라지기 시작했어.
식물들도 열매를 제대로 맺지 못하게 됐지.
그럼, 결국 우리가 먹는 작물도 부족해질 거야.

우리가 살고 있는 야생 공원에는 판다들이 아주 많아. 오래전부터 우리 가족들과 다른 판다들이 함께 살고 있어.
몸집이 가장 큰 판다는 우리 아빠야.
젖을 먹이고 있는 판다는 우리 엄마야.
나무 위에 올라가 있는 판다는 나의 언니야. 젖을 먹고 있는 판다가 바로 나야.
정말 작고 귀엽지?

우리, 판다는 몸집이 크지만 대나무를 먹고 사는 초식동물이야. 그리고 우리는 잠을 많이 자. 하루 중 10시간에서 16시간이 수면 시간이지.
저기 혼자 놀고 있는 판다들 보이지? 나도 조금 더 자라면 가족과 헤어져 혼자 살게 될거야.
그래도 우리들은 평화롭게 잘 살고 있어.

하지만 언젠가부터 우리가 살고 있는 곳에 문제가 생겼어. 사람들이 들어와 나무를 함부로 베어 가고, 우리를 마구 잡아가서 너무 무서워. 또한 기온이 올라가면서 우리들의 먹이인 대나무가 급격히 줄어들고 있어. 그래서 우리가 살 곳은 점차 사라지고 있고 우리 생명도 위태로운 상황이야.

요즘 우리가 위험에 처한 것을 알고 인간들이 자이언트 판다 보호구역을 만들어 대나무숲을 지켜 주고 있어. 이같은 인간들의 보호와 관심이 얼마나 고마운지 몰라. 예전처럼 안전하고 평화롭게 살고 싶어.

## 건강을 지켜 주는 열쇠를 찾아라 >>>
## 건강 열쇠를 찾아서 보드게임 상황 카드

106-107쪽

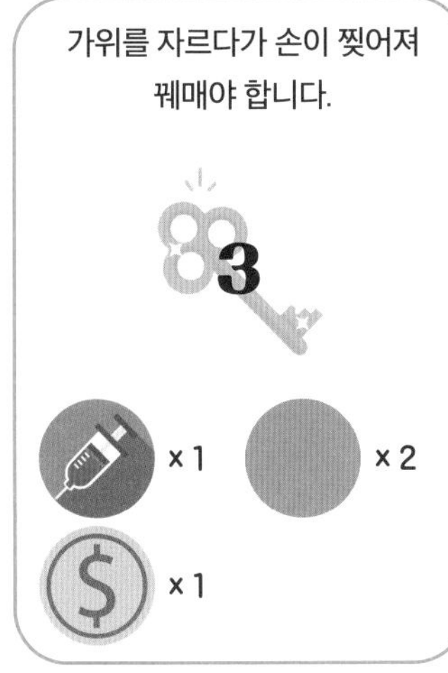

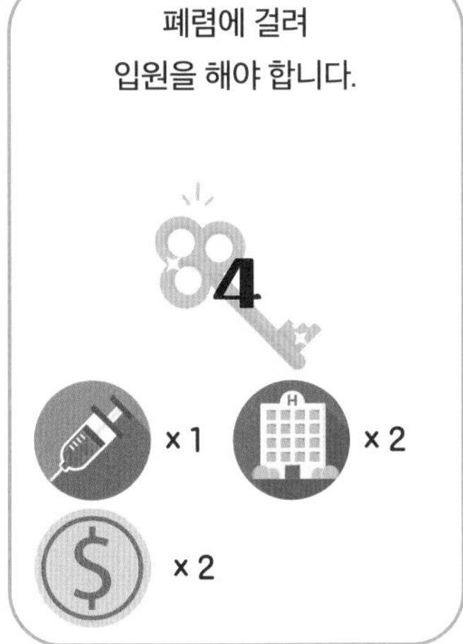

놀이터에서 놀다가 유리 조각에 찔렸습니다. 파상풍 예방 접종을 맞지 않아 피부에 염증이 생겼습니다.

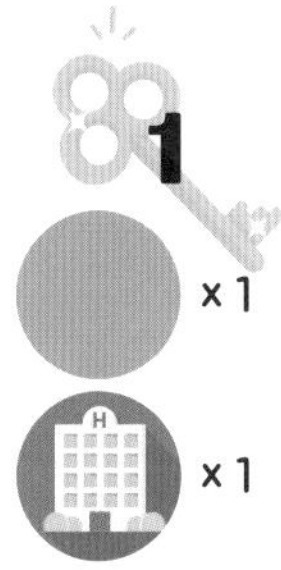


학교에서 학생 건강검진을 실시하지 않아, 충치가 있는지 몰랐습니다.

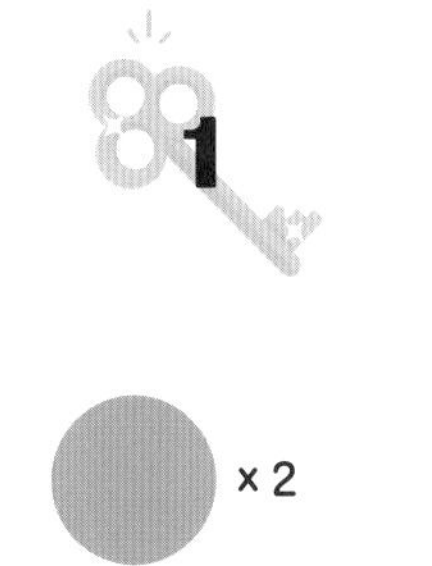


영유아 건강검진을 하지 못해 뒤늦게 아기에게 병이 있다는 사실을 알게 되었습니다. 아이의 병을 치료하기 위해 많은 비용이 들게 되었습니다.

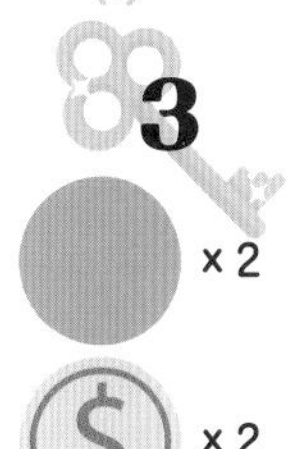


시골 할머니께서 허리가 아프시지만, 병원을 가려면 1시간 동안 버스를 타고 가야 합니다.

말라리아에 걸렸습니다. 치료를 받지 못해 생명이 위독한 상태입니다.

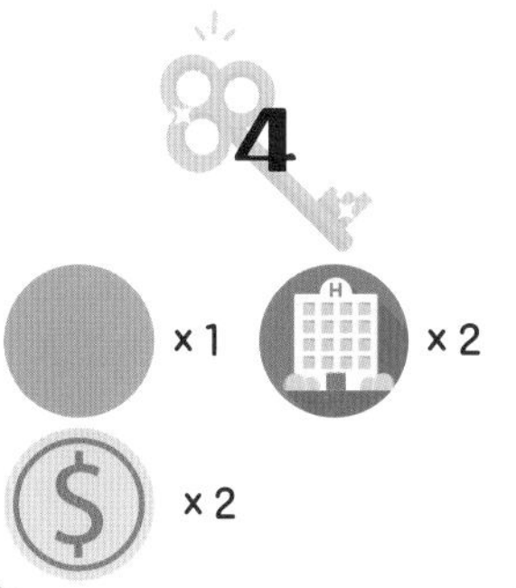


건강검진을 받지 않아 생활습관병에 걸릴 위험이 있다는 것을 몰랐고 결국 관리하지 못해 병에 걸렸습니다.

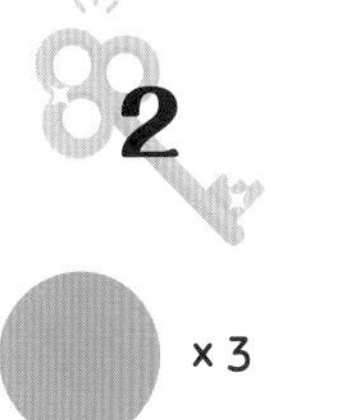

두 명의 친구를 선택하고 그 친구가 가지고 있는 해결 코인 각각 1개씩 가져오기

한 명의 친구를 선택하고 그 친구가 가지고 있는 해결 코인을 1개 가져오기

내가 가지고 있는 해결 코인 1개를 다음 차례의 친구에게 주기
(현재 해결 코인이 1개도 없다면 주지 않아도 됨)

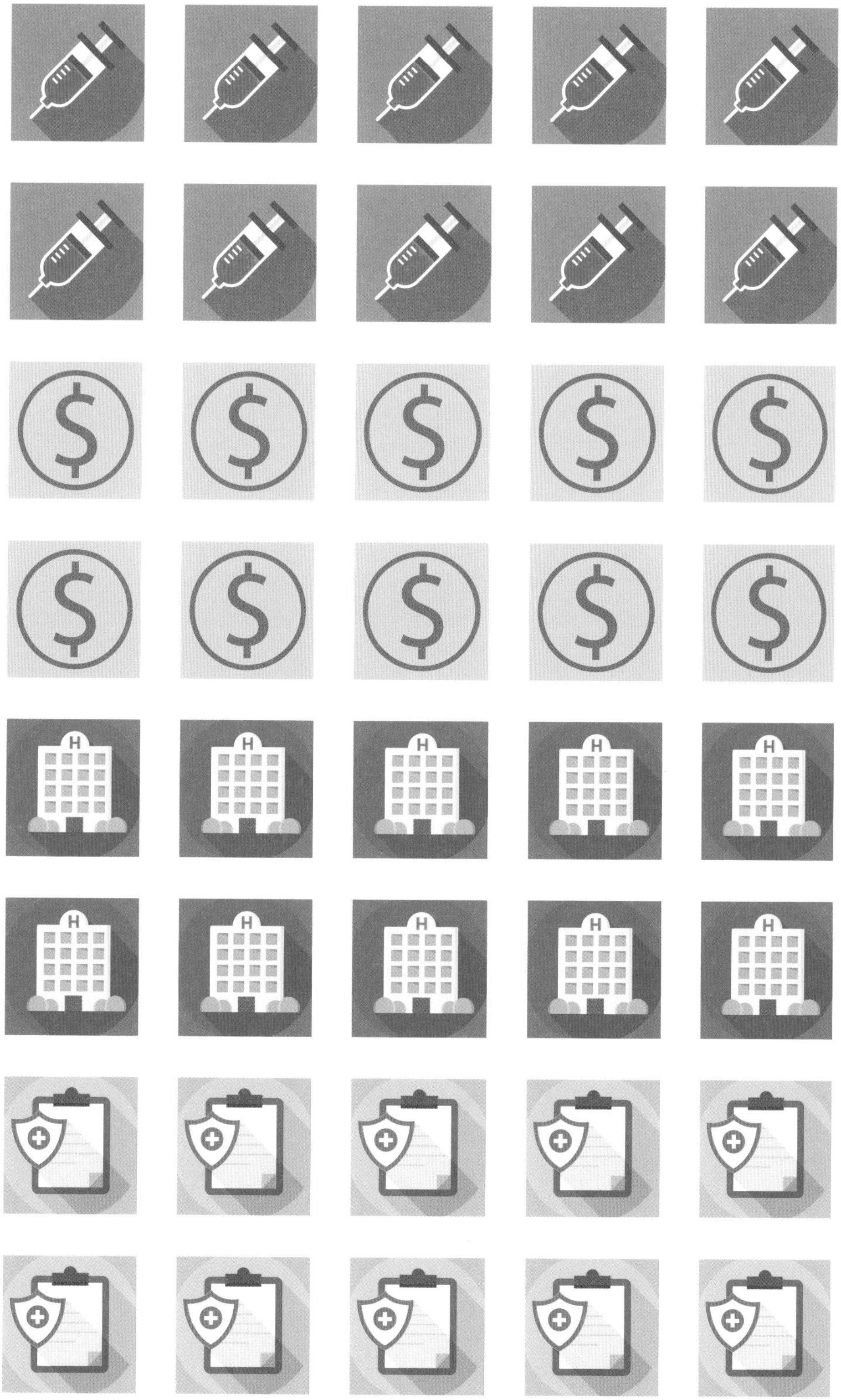

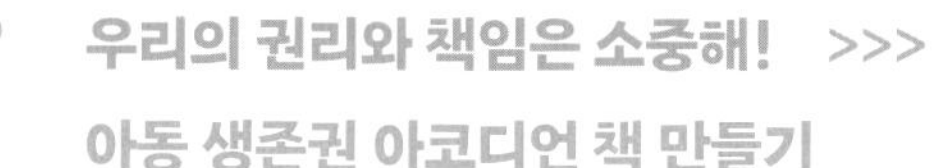

114쪽

풀칠면

풀칠면

우리의 권리와 책임은 소중해! >>>

유네스코 아동권리협약

114쪽 116쪽 119쪽 123쪽

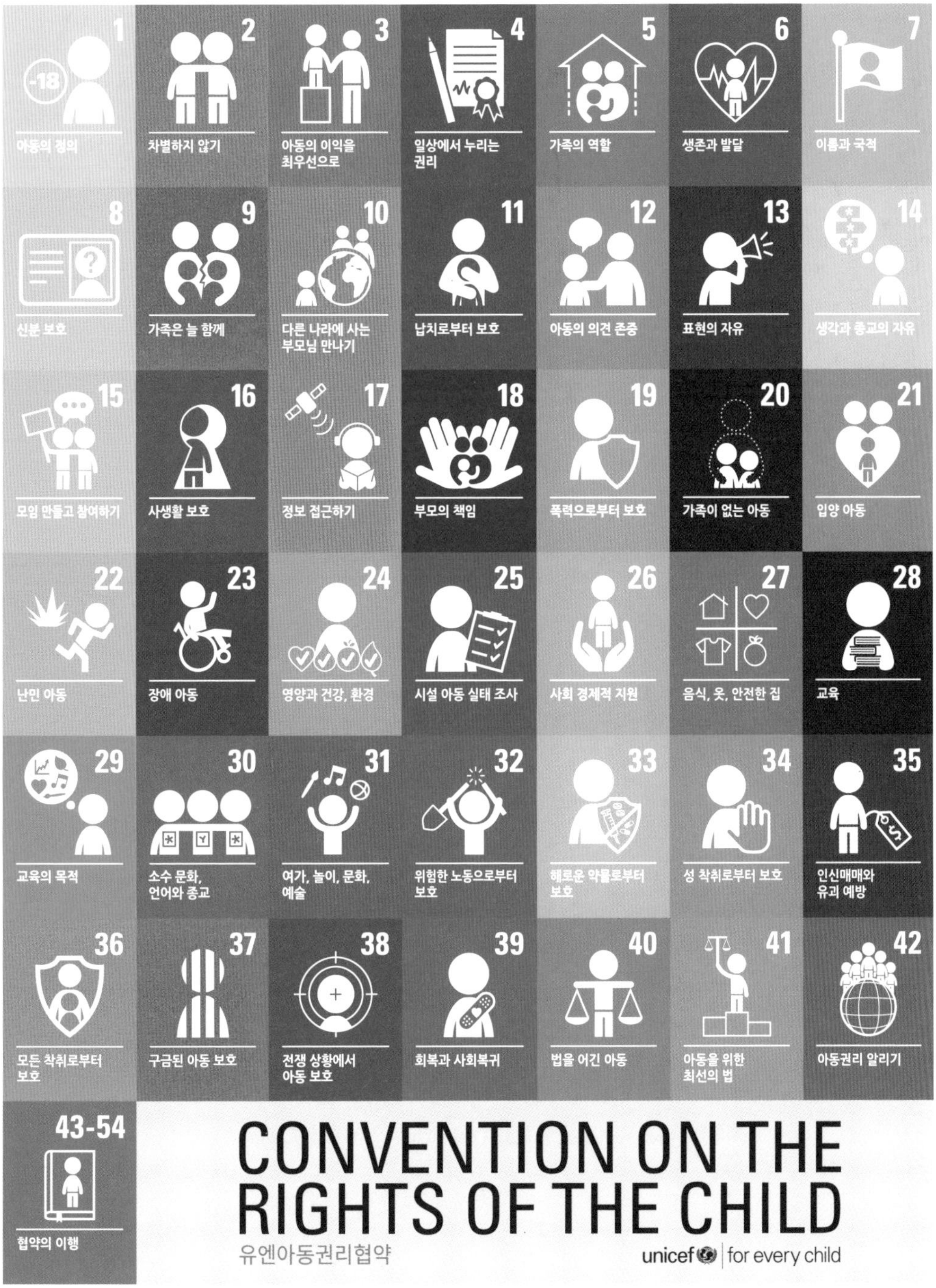

1 -18 아동의 정의
2 차별하지 않기
3 아동의 이익을 최우선으로
4 일상에서 누리는 권리
5 가족의 역할
6 생존과 발달
7 이름과 국적
8 신분 보호
9 가족은 늘 함께
10 다른 나라에 사는 부모님 만나기
11 납치로부터 보호
12 아동의 의견 존중
13 표현의 자유
14 생각과 종교의 자유
15 모임 만들고 참여하기
16 사생활 보호
17 정보 접근하기
18 부모의 책임
19 폭력으로부터 보호
20 가족이 없는 아동
21 입양 아동
22 난민 아동
23 장애 아동
24 영양과 건강, 환경
25 시설 아동 실태 조사
26 사회 경제적 지원
27 음식, 옷, 안전한 집
28 교육
29 교육의 목적
30 소수 문화, 언어와 종교
31 여가, 놀이, 문화, 예술
32 위험한 노동으로부터 보호
33 해로운 약물로부터 보호
34 성 착취로부터 보호
35 인신매매와 유괴 예방
36 모든 착취로부터 보호
37 구금된 아동 보호
38 전쟁 상황에서 아동 보호
39 회복과 사회복귀
40 법을 어긴 아동
41 아동을 위한 최선의 법
42 아동권리 알리기
43-54 협약의 이행
CONVENTION ON THE RIGHTS OF THE CHILD
유엔아동권리협약
unicef | for every child

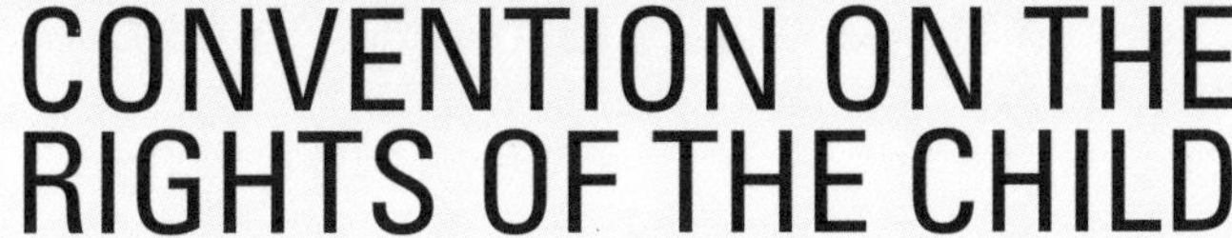